交通运输大事记
（1949—2019）

交通运输部

国家能源局

国家铁路局

中国民用航空局

国家邮政局

中国国家铁路集团有限公司

人民出版社

组织机构名单

编审委员会主任委员

杨传堂　十三届全国政协副主席，交通运输部党组书记

李小鹏　交通运输部党组副书记、部长

编审委员会副主任委员

刘小明　交通运输部党组成员、副部长兼直属机关党委书记

李凡荣　国家能源局党组成员、副局长

于春孝　国家铁路局党组成员、副局长

董志毅　中国民用航空局党组成员、副局长兼直属机关党委书记

赵　民　国家邮政局党组成员、副局长

郭竹学　中国国家铁路集团有限公司党组成员、副总经理

编纂工作委员会主任委员

刘小明（兼）

编纂工作委员会副主任委员

王志清　交通运输部党组成员兼总规划师、综合规划司司长

徐成光　交通运输部办公厅主任

顾　骏　国家能源局石油天然气司司长

朱雪源　国家铁路局综合司司长

刘鲁颂　中国民用航空局综合司司长

沈鸿雁　国家邮政局办公室主任

刘忠民　中国国家铁路集团有限公司档案史志中心主任

刘文杰　中国公路学会副理事长兼秘书长

编纂工作委员会委员

汪　洋　交通运输部总工程师、公路局局长

李天碧　交通运输部安全总监、水运局局长

许如清　交通运输部办公厅一级巡视员（正局级）

吴春耕　交通运输部政策研究室主任

魏　东　交通运输部法制司司长

张大为　交通运输部综合规划司副司长

许春风　交通运输部财务审计司司长

李良生　交通运输部人事教育司司长

徐亚华　交通运输部运输服务司司长

彭思义　交通运输部安全与质量监督管理司司长、应急办副主任

庞　松　交通运输部科技司司长

李　扬　交通运输部国际合作司（港澳台办公室）司长（主任）

柯林春　交通运输部直属机关党委常务副书记（正局级）

张晓冰　交通运输部离退休干部局党委书记、局长

李国平　中国海上搜救中心副主任（正局级）、应急办主任

曹德胜　交通运输部海事局党组书记、局长

李英华　国家能源局石油天然气司副司长

梁成谷　国家铁路局综合司副司长

顾晓红　中国民用航空局综合司副司长

管爱光　国家邮政局办公室副主任

刘祖泷　中国国家铁路集团有限公司档案史志中心副主任

王　雷　交通运输部救助打捞局党委副书记、局长

杨如学　交通运输部档案馆馆长

编纂工作委员会顾问及专家

黄镇东　李盛霖　翁孟勇　何建中　王展意　林祖乙　李居昌
刘　锷　杨利民　高宏峰　李建波

黄维和　谢晓东　张增明　焦　铮　李子明　王　韬　董学博
李彦武　邬　丹　王明志　谢家举　曾长城

编写组

组　　长　杨如学　刘文杰

副组长　佟　峰　刘传雷

编　　辑　刘　民　吕广显　马国栋　刘　东　陈文亮　王志贤
　　　　　于佳玫　余大鹏　范圆圆　徐德谦　王　硕　苗挺节

法律顾问　赵东方

美　　编　李仪灵　王德本

前　言

新中国成立 70 年来，伟大的中国共产党带领中国人民砥砺奋进、奋发图强，创造了一个又一个世界奇迹，取得了一项又一项举世瞩目的成就。从站起来、富起来到强起来，新中国发生了天翻地覆的变化。这无论是在中华民族历史上，还是在世界发展史上，都是一部惊天动地的壮丽史诗。

70 年来，在党中央、国务院正确领导下，我国在经济社会发展中坚持交通运输先行理念，交通运输领域发生了举世瞩目的历史性变迁，铁路、公路、水运、航空、管道、物流等基础设施网络建设快速推进，运输服务能力连上台阶，为国民经济和社会发展发挥了先行作用。

70 年来，历经几代交通人的开拓进取、不懈奋斗，我国实现了由交通弱国到交通大国再向交通强国迈进的历史性巨变，特别是改革开放后，我国交通运输事业步入发展快车道，实现了由"瓶颈制约"到"初步缓解"再到"基本适应"的历史性跨越，积累了许多独创的、被实践证明行之有效的宝贵经验，走出了一条具有中国特色的成功发展道路。

新中国成立之初，交通运输面貌十分落后。全国仅有 2.2 万公里铁路、8.1 万公里公路、7.4 万公里内河航道、1.1 万公里民航航线和 70.6 万公里邮路。那时候，我国尚未建设高速公路，只有等级航道 2.4 万公里、12 条民航航线和 2.6 万处邮政服务局所。伴随石油工业成长发展的中国管道运输，直到 1958 年，输油（气）管道里程仅有 200 公里。

从 1949 年新中国成立到 1978 年改革开放前的近 30 年间，交通基础设施建设力度逐步加大，取得阶段性成效。但总体而言，交通运输供给滞后于需求增长，成为制约国民经济发展的瓶颈之一。

改革开放初期，随着经济体制改革推进，政府在放开交通运输市场、建立社会化融资机制方面进行了开创性探索。交通运输各领域出台了一系列改革政策，交通基础设施建设加速推进，极大缓解了社会经济发展和人民物质生活不断升级对交通运输发展的需求。

党的十八大以来，现代综合交通运输体系建设进入新阶段。全国交通运输行业统筹推进基础设施网络化布局，铁路、公路、水运、民航、邮政以及管道基础设施建设补短板、强筋骨，综合运输大通道基本贯通，交通运输服务保障能力显著提升，国民经济主动脉作用日益显现。

党的十九大明确提出了建设交通强国的目标。这是以习近平同志为核心的党中央立足国情、着眼全局、面向未来作出的重大战略决策。我国交通运输开始进入从高速增长向高质量发展跨越升级的新阶段，发展的质量变革、效率变革、动力变革正在进行，运输链综合效率不断提升。我国正在致力于打造开放融合、共治共享、绿色智慧、文明守信的现代化交通体系。截至 2018 年末，全国铁路营业总里程达到 13.2 万公里，较 1949 年增长 5 倍；全国公路总里程达到 485 万公里，是 1949 年的 60 倍；全国通航的航道总里程达到 12.7 万公里，是 1949 年的 1.7 倍；全国定期航班航线总条数达 4945 条，是 1950 年的 412.1 倍；邮路总长度 985 万公里，是 1949 年的 14.0 倍；全国长输油气管道总里程 13 万公里，而 1949 年这个数据几乎为零。交通运输各领域实现了堪称奇迹的历史性跨越，为国民经济和社会发展提供了坚实支撑。

2019 年 9 月 14 日，中共中央、国务院印发了《交通强国建设纲要》。建设交通强国是建设现代化经济体系的先行领域，是建设社会主义现代化强国的重要支撑，是新时代做好交通工作的总抓手。未来，服务人民、服务大局、服务基层的人民满意交通将逐渐建成，交通强国将成为社会主义现代化强国建设的重要支撑力量。

习近平总书记指出，历史是最好的老师，回望来路，更知前行方向。70 年来，新中国交通运输发展历程中积累了许多独创的、被实践证明行之有效的宝贵经验， 留下了一串串光辉的时代印记，走出了一条具有中国特色的成功发展道路。在这条道路上，有众多新中国发展历程中值得铭记的交通故事，有几代国人出行的共同记忆，更有几代交通运输人的奋斗足迹。

编辑出版《交通运输大事记（1949—2019）》，目的就是为了全面回顾我国交通运输事业 70 年走过的极不平凡的发展历程，系统梳理 70 年党中央、国务院关于交通运输工作的决策过程和具有历史意义的大事。在此基础上发挥该书存史资政的重要作用，资政育人、继往开来，为建设交通强国提供经验借鉴，也有助于凝聚行业人心、鼓舞士气，增强"四个自信"，让交通运输行业广大干部职工知晓我们从哪里来、走过了什么样的路、要到哪里去，从而进一步增强"不忘初心、牢记使命"的责任感和自觉性，更加紧密地团结在以习近平同志为核心的党中央周围，团结奋斗、顽强拼搏，逢山开路、遇水架桥，努力完成交通运输人的新时代使命，凝心聚力于交通强国建设。同时，也为希望了解、关心和支持交通运输事业的各界朋友，呈现 70 年来的发展线索和脉络，让各界借交通运输发展之窗口，了解共和国发展之辉煌，为建设交通强国达成更广泛的共识、聚集更磅礴的力量，共同书写交通强国的伟大篇章。

2019 年 12 月

编辑说明

一、本书编纂过程中始终坚持以习近平新时代中国特色社会主义思想为指导，紧扣新中国成立 70 周年的历史脉络，采用编年体叙事形式，突出史料性、权威性，以年月日为序，充分尊重历史，坚持客观叙述，主要收录交通领域 70 年所发生的大事要事。

二、在编辑过程中，本书按照中央编辑出版文献的标准和要求，重点把握好以下五个原则：

1. 坚持重点收录原则。坚持"编大事记大事"，重点收录特别重大的有影响的事件，包括具有特殊重要意义的事件，为后人所效法、有教育意义的事件，让后人引以为戒的事件等。

2. 坚持"不记"原则。一般来讲，内容超越行业领域范围的不记；涉及地方性、区域性的不记；不涉及整个行业的、全局性的不记；科技创新方面不是首创的、第一次的不记；对行业影响不大的不记；节点事件对社会产生影响意义不大的不记；涉及有争议的人与事的不记。

3. 坚持分类记录原则。主要包括：党中央、国务院就交通运输工作作出的政策决定及实施情况；党和国家主要领导人就交通运输工作作出的重要指示批示以及参加的交通运输重大活动和题词；具有重要意义的重要会议和决定事项；重大政策和法规的制定、颁布和实施；重大事件和有影响的活动；重大机构调整和体制改革事项；重大工程与重大科技发明创造；重特大案件以及重大自然灾害、事故的发生和处理；具有突出贡献的英模团队和英雄模范；重要外事交流与国际合作事件等。

4. 坚持符合保密纪律。所收录的历史事件和史料，均经过保密审查，符合公开要求。

5. 坚持"大交通"格局。全面收集我国铁路、公路、水路、民航、邮政和管道的大事件，全面体现我国综合交通运输发展成就和体制演变的脉络。

三、遵照上述原则，本书内容从近 30 本权威出版物和资料中收集整理。部分内容来自国家能源局，国家铁路局、中国民用航空局、国家邮政局，中国国家铁路集团有限公司以及新华社、中国政府网、交通运输部网站等权威信源。

四、本书内容涵盖铁路、公路、水路、民航、邮政和管道等各领域，并在编纂原则框架内，按照各领域在综合交通体系中的体量做了适当的平衡。以上内容经各领域主管部门提供和审核，并请专家评审通过。

五、本书的体例主要参考了《中华人民共和国大事记（1949—2019）》《改革开放四十年大事记》。在编纂大事记时，总体按照时间顺序，逐年逐月逐日记述。对于前后时隔较短、内容单一的重大事件，比如重要工程的建设始末，采取适当集中记述的方式予以呈现。

六、为了增强可读性，本书选取了众多照片作为插图以体现各阶段重大事件或行业不同时代的发展面貌，希望在发挥存史资政的重要作用的同时，也为社会各界提供了交通运输发展的直观图像线索。本书所用照片并非全部与相关重大事件一一对应，部分体现的是某一领域当时的面貌。本书所采用的图片来自新华社图库、官方资料和相关权威出版物。由于部分图片较为久远，有十余幅图片尚未联系到拍摄者，请拍摄者见书后联系编写组。

七、本书所收工程项目，包括路线名称等均以当时的名称为准，部分工程的名称并非现在所采用的名称。

本书编写组

2019 年 12 月

目 录

一九四九年

10月1日 中华人民共和国成立。根据《中华人民共和国中央人民政府组织法》规定，中央人民政府政务院（以下简称政务院）设立铁道部、邮电部、交通部等部委。铁道部负责对全国铁路实行高度集中统一的归口管理，并直接经营管理中央铁路，其前身是 1949 年 1 月成立的中央军委铁道部。邮电部负责统一领导和管理全国邮政和电信事业。交通部负责领导全国的水运、公路和民间交通运输工作，其临时办事机构最初以原华北人民政府交通部为班底。铁道部、邮电部、交通部均在中央人民政府政务院财政经济委员会指导下工作。

10月8日 庆祝中国人民政治协商会议第一届全体会议纪念邮票发行。这是新中国发行的第一套纪念邮票。

10月19日 中央人民政府委员会第三次会议任命章伯钧为交通部部长。

10月24日 毛泽东发出嘉勉电报，祝贺"海辽"轮起义成功。9 月 19 日，"海辽"轮在船长方枕流的指挥下，在从香港赴汕头途中起义。9 月 28 日，"海辽"轮驶入大连湾，起义宣告成功，成为招商局第一艘宣告起义的海轮。1950 年 1 月 15 日，香港招商局宣布起义，招商局在香港各办公楼、码头、仓库升起五星红旗，宣告香港招商局的新生，此次起义共有 13 艘海轮驶回祖国。

10月31日 毛泽东签发中央人民政府令颁发交通部铜质印信。11 月 1 日，交通部正式办公。

图为新中国发行的第一套纪念邮票——《庆祝中国人民政治协商会议第一届全体会议》

图为"海辽"轮起义后在海上升起五星红旗（图片由中远海运集团提供）

图为中央人民政府交通部印信

11月2日 中共中央政治局会议决定，在人民革命军事委员会下设民用航空局，受空军司令部指导。

11月9日 中国航空公司总经理刘敬宜、中央航空公司总经理陈卓林率领两公司在香港宣布起义，并率领12架飞机到达北京、天津。同月12日，毛泽东电贺称赞"两航"起义是一个有重大意义的爱国举动。15日，周恩来会见起义人员并发表讲话。"两航"起义为创建新中国民航事业奠定了重要的人员、技术和物质基础。

图为"两航"起义人员合影（图片由中国民用航空局档案馆提供）

11月19日—12月27日 交通部在北京召开第一届全国航务公路会议，议定了交通部机构的设置及职能、直属公路水路运输系统组建方案、全国交通管理体制和新中国发展交通运输的方针与政策以及1950年的交通工作任务。会后，周恩来听取了交通部领导对会议情况的汇报，并作了指示。

12月6日 铁道部调整货物运价。经过此次调整，关内南、北方铁路货物运价得到统一。1955年6月，经过全面调整，全国铁路货物运价得到统一。

12月10日—28日 邮电部在北京召开第一次全国邮政会议。会议确定了中国人民邮政工作的总方针，统一了全国邮政机构和邮资标准，作出了有关业务及机构设置等规定。会议还确定了中国邮政的名称为"中国人民邮政"。会议讨论了邮政的经济问题，并提出经济方面"1951年实现自给自足，1952年开始盈余"的奋斗目标。1950年1月1日邮电部邮政总局成立。

12月16日 毛泽东乘专列抵达莫斯科对苏联进行为期两个月的访问。1950年2月14日，中苏两国政府全权代表周恩来、维辛斯基签署《中苏关于中国长春铁路、旅顺口及大连的协定》等协议。

图为第一次全国邮政会议代表合影（图片由中国邮政邮票博物馆提供）

一九五〇年

1月1日　全国铁路推行"新养路法"。新养路法将养路作业分为大修、中修和经常性养路三种，实行包修、包养和包检制度。

1月19日　铁道部公布中华人民共和国铁路路徽式样。

1月27日　政务院第十七次政务会议通过《关于关税政策和海关工作的决定》。其中重要内容之一是决定将"管理海港河道、灯塔浮标、气象报道等助航设备的职责，连同其工作人员、物资、器材全部移交中央人民政府交通部或市的港务局"。11月16日，海关管理的航标移交交通部航务总局负责管理，其中港口航标移交各港务局管理，长江航标移交长江航务管理局管理。从此结束了长达80多年由海关管理航标的历史。

2月15日　新华社报道，人民邮政全面恢复，全国已解放的大小城市以及乡村均实现互通信件。

3月8日　中国铁路第一批火车女司机田桂英等在旅（顺）大（连）铁路上正式驾驶机车行驶。

上图为中华人民共和国铁路路徽式样。下图为1950年1月22日，《人民日报》发表的铁道部公告，确定采用陈玉昶设计的图案作为中华人民共和国铁路路徽（图片由中国铁道博物馆提供）

图为田桂英（左三站立者）和"三八"包车组与苏联专家的合影（图片由中国国家铁路集团有限公司档案史志中心提供）

3月12日　政务院印发《关于1950年航务、公路工作决定》。之后，交通部据此确立全国航务管理体制和公路管理体制。航务方面：交通部下设航务总局及国营轮船总公司，领导航务建设、航运管理工作。长江区航务局统一长江航运与航运管理，下设汉口、南京、重庆、芜湖、九江和沙市等分支机构。公路方面：交通部下设公路总局，领导公路建设、管理工作，国道由公路总局直接管理；大行政区及省级交通机关根据工作需要，设立公路局或公路处，办理公路事宜，省道由各大行政区交通部督导各省交通部门管理；专署、县以下各地方负责完成本地区的公路计划与任务；对于一般公路，则发动沿线群众进行养护。

3月20日　政务院批准《汽车管理暂行办法》，于4月11日颁发实施。这是新中国成立以来制定的第一部车辆管理法规。

3月　中央人民政府政务院财政经济委员会决定设立全国旧废汽车整修委员会，领导全国旧废汽车整修工作，具体工作由交通部负责组织与管理。

4月5日　交通部组建国营汽车运输总公司，领导直属公司的运输生产，同时具体管理全国公路运输事宜。

4月13日　中央人民政府政务院财政经济委员会印发《关于修建华东支前公路之决定》，批准修建以福州为中心的12条公路，总长约3464公里。

6月1日　《中华人民共和国铁路技术管理规程》实施。这是新中国第一次在全国实施的铁路技术管理法规。

6月22日　邮电部邮政总局宣布发行全国统一邮票。此前各地区发行的分区邮票从9月1日起全部停用。

7月1日　中苏民用航空股份公司成立并开辟了北京—赤塔、北京—伊尔库茨克、北京—阿拉木图等三条国际航线，标志着新中国民航国际航线正式开航。

图为《福建政报》刊登的《关于一九五零年公路工作的决定》

图为1950年7月30日《新闻日报》刊登中苏民用航空股份公司新开三条国际航线和8月1日将正式开航的消息

图为"八一开航"人员在"北京"号前合影（图片由中国民用航空局档案馆提供）

7月8日　交通部印发《养护公路暂行办法》。该办法对于中华人民共和国成立初期全国公路养护与路政管理工作起到了重要的规制作用。

7月9日　交通部印发实施《公路养路费征收暂行办法》，贯彻落实政务院规定的用路者养路的原则。这是新中国颁发的第一部关于征收养路费的强制性规范文件。自此，公路养路费成为公路发展的重要资金来源，直至2009年被燃油附加税替代。

7月21日—31日　邮电部在北京召开大行政区邮电局长会议，决定实行邮政、电信合一的管理体制。

7月25日　周恩来批准将"两航"起义飞抵北京的CV-240型XT-610号飞机命名为"北京"号，"北京"二字为毛泽东手书字体。7月29日下午举行命名典礼。

7月26日　中央人民政府政务院财政经济委员会印发《关于统一航务港务管理的指示》，初步统一了港务、港监管理体制。

8月1日　天津—汉口—重庆、天津—汉口—广州航线开通，史称"八一开航"，标志着新中国民航国内航线正式开航。

8月24日　铁道部在北京首次召开全国铁路计划工作会议。会议确定，为适应巩固国防、发展经济、建设西北和西南战略基地的需要，铁道部三年内要集中进行西北、西南铁路干线的修建。

10月14日　政务院颁布《中央人民政府交通部试行组织条例》，规定交通部行政职能，并对交通部内设各机构的职能和责任作出具体明确的规定，初步形成交通部历史上第一个比较健全的组织机构。

10月23日 毛泽东签发军委令：任命钟赤兵为防空政治委员兼民航局局长。

11月1日 中国恢复收寄发往英国、美国、瑞士、加拿大、丹麦、瑞典等国的国际邮件包裹。

11月27日 政务院颁布《进出口船舶船员旅客行李检查暂行通则》。这是新中国成立后颁布的第一个船员管理法规。

12月 三桥车辆修理厂开始改建。该厂成为新中国成立后第一个经国家批准改建的铁路工厂。

本年 应朝鲜党和政府的请求，中共中央作出抗美援朝、保家卫国的战略决策，中国人民志愿军进入朝鲜战场。经中共中央同意，交通部派出抗美运输大队，奔赴朝鲜战场，与志愿军战地运输部队一道，组成"打不断、炸不烂"的运输线；铁道部组成两支队伍：一是铁路工程总队，赴朝鲜铁路各线，担负抢修任务。二是志愿援朝大队，深入朝鲜铁路各站段，与朝方共同负责管理军事运输工作。

一九五一年

1月29日　中国与波兰签订《关于组织中波轮船股份公司协定》。6月15日，两国组建中波轮船股份公司，时称"中波海运公司"。该公司是新中国第一家中外合资航运企业，它的成立是交通部执行政务院行政决策的一项重要行动，促进了新中国对外贸易的发展，也是新中国现代远洋运输发展的开始。

2月1日　交通部直属国营轮船总公司更名为中国人民轮船总公司，并迁至北京，与交通部航务总局合署办公。各地区也相继成立地方国营轮船公司及其管理机构。

5月25日　政务院印发《关于一九五一年民工整修公路的暂行决定》，确立民工建勤修路制度。

同日　政务院第八十六次政务会议决议批准，交通部分设海运总局、河运总局和航道工程总局，撤销交通部航务总局与中国人民轮船总公司，加强港口与航运生产的统一管理，沿海与内河均实行分区统一管理港口和运输生产的体制。

5月　民航飞机在广州市上空执行灭蚊蝇任务。这是新中国第一次通用航空作业。

7月　铁道部印发《中华人民共和国铁路建筑标准图》，这是新中国铁路上第一套全路通用的设计标准。

图为中波轮船股份公司成立后员工合影

图为民航飞机在广州市上空执行灭蚊蝇任务
（图片由中国民用航空局档案馆提供）

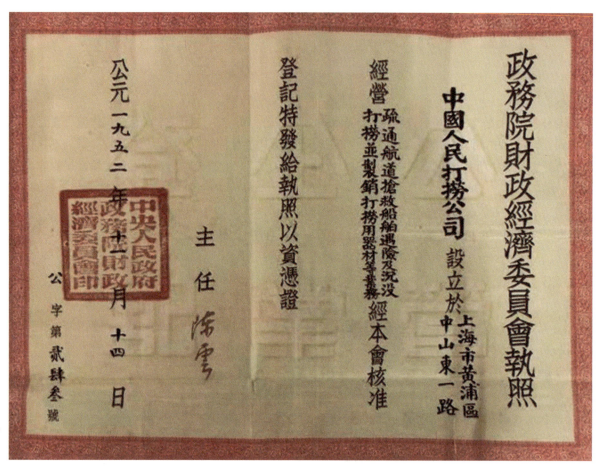

图为中央人民政府政务院财政经济委员会所发的"中国人民打捞公司"执照图片

8月24日 经政务院批准，由交通部航道工程总局领导的中国人民打捞公司在上海成立。这标志着新中国国家专业救助打捞机构诞生。1952年11月14日，政务院财政经济委员会为中国人民打捞公司颁发执照。

9月1日 交通部印发《中华人民共和国公路工程设计准则（草案）》。这是交通部组织制定的第一个适用于全国公路建设的技术规范。

12月14日—24日 交通部召开首届全国养路工作会议，要求养路工作依靠地方、依靠群众、学习苏联经验；建立健全基层养路组织，实行计划养路。

一九五二年

1月1日　中国自己设计和施工的第一个进路式继电电气集中联锁工程在粤汉铁路衡阳站建成并开通使用。

5月7日　中央军委、政务院印发《关于整编民用航空的决定》。军委民航局改归空军建制，该局行政领导、党政工作、供应关系、技术业务等均直属空军司令部，名称仍为军委民航局；将民用航空的行政管理和业务经营分开，改设民用航空局和民用航空公司。

5月26日　铁道部印发《蒸汽机车单线铁路设计规程（草案）》。这是中国铁路发展史上第一部内容较为完整的工程设计规程。

6月18日　广州—满洲里间开行货运直达列车，全程4636公里。这是当时中国铁路开行的运距最长的直达列车。

7月1日　成（都）渝（重庆）铁路建成通车。这是新中国成立后完全采用国产材料自行修建的第一条铁路干线。成渝铁路是清末就筹款准备兴修的川汉铁路的一段，拖了近半个世纪未能完成，新中国成立后仅用两年就建成通车。毛泽东题词："庆贺成渝铁路通车，继续努力修筑天成路。"邓小平出席了在重庆举行的通车庆典，并题词："庆祝成渝铁路全线通车。"到1978年底，宝成、鹰厦、包兰、兰新、成昆、湘黔和襄渝等铁路陆续建成。

图为成渝铁路首趟列车从成都站开出（图片由中国国家铁路集团有限公司档案史志中心提供）

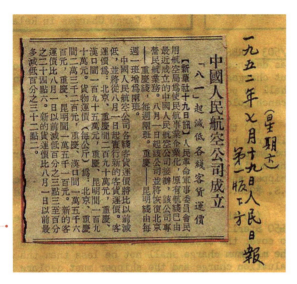

图为1952年7月19日《人民日报》报道"中国人民航空公司成立"的消息

图为新中国第一台解放型蒸汽机车 （图片由中车四方股份公司提供）

7月17日　中国人民航空公司在天津成立。该公司是新中国第一个国营民用航空运输企业，主要承办原军委民航局直接经营的运输航空和通用航空业务。1954年1月3日，经中央批准，撤销该公司，合并到民航局。

7月23日　交通部印发《统一打捞沉船沉物清理航道办法的决定》，对于规范新中国打捞业具有重要作用，为打捞清除沉船沉驳恢复被战争破坏的航运事业作出了贡献。

7月26日　四方铁路工厂制造出新中国第一台蒸汽机车，被定型为"解放型"。第一台解放型机车作为对中国人民解放军建军节的献礼，被命名为"八一号"。

9月20日　邮电部转发政务院《关于建立全国报纸书刊发行网的决定》。12月28日，邮电部、出版总署印发《关于改进出版物发行工作的联合决定》。至此，全国中央一级和省级报刊全部由邮局发行。

9月　经中央人民政府政务院财政经济委员会批准，中华人民共和国船舶登记局成立。

10月1日　天（水）兰（州）铁路通车典礼在兰州举行。毛泽东题词："庆贺天兰路通车，继续努力修筑兰新路。"天兰铁路全长346公里，为陇（兰州）海（连云港）铁路的最西一段，是通往大西北的咽喉要道。1954年8月，天兰铁路正式交付运营。

10 月 17 日　塘沽新港举行开港典礼。这是国民经济恢复时期最大的一项航务工程，也是新中国成立后第一个由中国人自行改建完成的深水海港港口。10 月 25 日，毛泽东到塘沽新港视察时指出，我们还要在全国建设更大、更多、更好的港口。

10 月 28 日　中国人民解放军空军司令公布令（空干部字第 170 号）：着朱辉照任民用航空局局长。

11 月 15 日　中央人民政府委员会第十九次会议通过《中央人民政府关于改变大行政区人民政府（军政委员会）机构与任务的决定》。其中作出新的规定：（1）大区设公路管理局，东北、华东、中南并设内河航务局。（2）公路管理局的首要任务是搞好工程，其次是国道干线的养护工作。

12 月 2 日　交通部在北京召开全国第一次民船工作会议。该会议的召开促进了民船运输效率的提高和城乡物资的交流。

年底　交通部机构设置基本确定，形成较为完整的中央级组织机构。开始创立交通运输的计划经济管理体制，形成政事企合一、中央直接管理交通直属系统的行政格局。

本年　交通部成立中国外轮代理公司，自 1953 年 1 月 1 日起接受外轮代理业务。

一九五三年

2月19日　毛泽东在乘坐"长江"舰视察长江途中，对三峡工程和南水北调工程建设进行调研与谋划。这两项工程与长江航运发展的关系重大。

3月20日　经高等教育部批准，上海航务学院与东北航海学院合并成立大连海运学院。11月，福建航海专科学校并入。1994年，学校更名为大连海事大学。

4月16日　中央人民政府政务院财政经济委员会印发《关于结束天津、上海、广州、大连、青岛区港务局由各所在地市人民政府代管的决定》。自1953年5月1日起，上述区港务局由交通部海运管理总局直接管理。

4月22日　经中央人民政府政务院财政经济委员会批准，交通部、邮电部发布通令，将邮电部所属全国各江、海岸无线电台合并，交由交通部统一管理，统一名称为交通部航务无线电台，同时印发《关于江海岸电台统一由交通部管理之办法》等一系列文件。

4月26日　中国自制的第一辆轨道检查车在唐山机车车辆修理厂试制成功。

6月11日　中国与捷克斯洛伐克签订《中捷发展航运议定书》，两国建立起委托购买并经营远洋船舶的关系。1959年3月9日，两国全权代表签订《关于成立国际海运公司协定》及《共同经营捷克斯洛伐克国际海运股份有限公司的协议》。1967年3月20日，捷克斯洛伐克国际海运股份有限公司解散。

图为唐山机车车辆修理厂制造的中国第一辆轨道检查车（图片由中国国家铁路集团有限公司档案史志中心提供）

6月23日 政务院决定"凡属沿海航标及管理航标之机构、工厂、土地、房屋、仓库、车辆、船只及人员、物资等全部由海军接管（包括青岛、上海、厦门、广州等四地区之航标机构），内河港湾归政府交通部门负责"。这是新中国成立后沿海航标管理体制的一次重大调整。

7月27日 中央政治局会议听取交通部党组《关于目前交通工作的主要问题与今后方针任务向中央的报告》及其他相关报告。报告总结了交通部贯彻落实国家过渡时期总路线和五年计划的情况，提出了今后一个时期交通发展的方针、任务等。11月27日，《中共中央关于批转中央人民政府交通部党组五个文件的指示》中明确，随着国民经济的发展，交通运输任务必将日趋繁重。在第一个五年计划建设时期内，国家需要集中主要力量发展重工业，对交通部门运输企业的基本建设投资不可能太多，因此交通部门应着重充分利用和发挥现有一切运输工具与设备的潜力，加强经营管理，为国家提供量大、质好、价廉、迅速、安全的运输力，同时对私营船舶的运营管理提出要求。随后，全国交通部门按照新的方针任务开展第一个五年计划的工作。

7月 政务院批准，将新中国成立初期海事管理机构曾沿用的"航政"名称定名为"港务监督"。

同月 陇（兰州）海（连云港）铁路全线通车，正线全长1759公里。陇海铁路连接甘肃兰州和江苏连云港，是中国东中西部最主要的干线铁路，也是新亚欧大陆桥的重要组成部分。

9月9日 中央军委电令，成立中国人民解放军铁道兵，同时撤销中国人民解放军铁道兵团的番号。

11月27日 政务院印发《关于加强地方交通工作的指示》，要求依靠地方人力、财力，加强现有道路养护，并修建当地急需的简易公路、桥梁、渡口。此举对各地县乡公路建设起到了很大的促进作用，使地方公路获得了新的发展。

一九五四年

1月23日 政务院颁布《中华人民共和国海港管理暂行条例》。这是新中国成立后颁布的第一个海港港口管理法规。其中规定港务局是政企合一的性质，负责执行海港行政管理工作与业务事项，并为企业经济核算单位。

1月31日 北京—莫斯科正式开行直通旅客列车，全程9050公里，是当时世界上里程最长的直通旅客列车路线，全程用时215小时。

2月25日 交通部印发《中央人民政府交通部江海联运实行办法》。根据该办法，沿海、长江或地方内河等区段的货物运输分别实行一票到底的统一规定，此举措大大提高了运输效率。

4月29日 中国政府与印度政府在北京签订《关于中国西藏地方和印度之间的通商和交通协定》，同时互换照会。按照双方互换照会的规定："印度将其在中国西藏地方所经营的邮政、电报、电话等企业及其设备和驿站及其设备折价移交中国政府"。1955年4月1日，中国政府收回印度政府在中国西藏地方所经营的邮政、电报、电话等企业和12个驿站及其设备。

8月27日 经交通部批准，交通部公路运输局与公路总局合并，称交通部公路总局。1955年12月，交通部公路总局改为交通部公路工程总局。

9月6日 中国自行研制的大型客轮"民众号"首次航行长江。

9月15日 毛泽东在第一届全国人民代表大会第一次会议上宣布，准备在几个五年计划之内，将我国"建设成为一个工业化的具有高度现代文化程度的伟大的国家"。23日，周恩来在政府工作报告中提出"建设起强大的现代化的工业、现代化的农业、现代化的交通运输业和现代化的国防"。这是新中国领导人第一次提出四个现代化的概念。

9月 第一届全国人民代表大会第一次会议后，根据《中华人民共和国国务院组织法》，原中央人民政府铁道部、交通部和邮电部分别改为中华人民共和国铁道部、交通部和邮电部，作为国务院组成部门，继续行使原来的职责。各部门工作由国务院第六办公室协助总理负责掌管。

10月4日 铁道部、交通部、粮食部印发《粮食水陆联运试行办法》，自1955年2月1日起实行。

10月12日 中国、苏联两国政府发表会谈公报，自1955年1月1日起，将中苏合营公司中的苏联股份全部移交给中国，其中包括中苏民用航空股份公司。

11月25日 第一届全国人民代表大会常务委员会第二次会议批准设立中国民用航空局，作为国务院直属机构，由国务院第六办公室协助总理负责掌管。为适应国民经济建设的需要，促进民用航空事业发展，中国民用航空局由原属军委系统建制改为隶属政府系统建制。但航行方面的有关业务工作和人事管理、政治工作等，仍由空军负责。

12月3日 国务院批准在北京东北部兴建民用机场。在建设过程中，先后被命名为"北京中央航空港""北京天竺机场""北京中央机场"，1957年11月经国务院批准正式命名为"中国民用航空局首都机场"，简称"首都机场"。该机场于1957年12月竣工并通过国家验收，1958年10月1日正式投入使用。这是新中国成立后新建的第一个大型民用机场。

图为正式投入使用后的首都机场航站楼（图片由新华社提供）

12月10日 南昌飞机制造厂试制成功运-5型飞机，由民航局飞行员试飞成功。1958年3月批准定型并投入批量生产。

12月25日 康（雅安）藏（拉萨）、青（西宁）藏（拉萨）公路全线通车。康藏公路全长2271公里，青藏公路全长2100公里。此后，新（叶城）藏（拉孜）、滇（下关）藏（芒康）等公路陆续建成。1955年2月2日，毛泽东授予康藏、青藏公路筑路人员锦旗典礼大会在拉萨举行。毛泽东题词："庆贺康藏、青藏两公路的通车，巩固各民族人民的团结，建设祖国。"康藏公路是1950年12月由政务院正式决定修建。1951年5月12日，康藏公路修建司令部成立。1952年11月20日，康藏公路康定—昌都段提前通车。毛泽东题词："为了帮助各兄弟民族，不怕困难，努力筑路！"朱德题词："军民一致，战胜天险，克服困难打通康藏交通，为完成巩固国防，繁荣经济的光荣任务而奋斗！"青藏公路是1954年3月17日由中央人民政府批准修建。1955年10月1日，因西康省撤销，交通部决定将"康藏公路"改称"川藏公路"，起点由雅安改为成都，全长2407公里。

上图为1952年11月毛泽东为康藏公路的题词。下图为1954年12月25日康藏和青藏公路通车典礼场景（图片由"两路"精神工作室提供）

一九五五年

1月8日 （北）京山（海关）铁路张贵庄站—新河站间 28 公里段建成，此为仿苏的交流二元二位架空线式自动闭塞的试点区段。这次试点成功地迈出了新中国自行修建自动闭塞的关键性一步。

3月5日 新中国第一批船舶女驾驶员林幼华、罗烈芳和杨梦月等正式上船担任驾驶工作。

4月5日 交通部印发《内河航标规范》，对内河航标种类、式样和规格等进行规范。"一五"期间，交通部恢复长江航标，实现川江夜航；恢复黑龙江航标，进行珠江航标的建设，继而统一全国内河航标制度。

5月28日 交通部在广州成立中国第一支海港测绘队。该测绘队隶属交通部海运管理总局，主要开展沿海港口航道测量、编绘航海图书的工作，以保障航行安全。

6月15日 中国、苏联两国签订协定书，苏联将自国境到满洲里站、绥芬河站区段间财产（包括不动产及设备）无偿移交给中国。

6月18日 国务院总理令：任命邝任农为中国民用航空局局长，免去朱辉照的中国民用航空局局长职务。

7月4日 国务院全体会议第十四次会议讨论了《交通部关于建设湛江港的报告》，通过了《中华人民共和国国务院关于建设湛江港的决定》。1956 年 5 月 1 日，湛江港建成第一个万吨级泊位，并正式开港，成为新中国成立后第一个自行设计建造的现代化海港。此后，该港与黎（塘）湛（江）铁路配套成为中国西南地区的重要出海口。

左图为湛江港第一期工程建设工地场景。右图为 1956 年 5 月 1 日，湛江港开港靠泊第一艘外轮（波兰籍）

7月 中国民航购进第一批 4 架伊尔-14 型飞机，中国运输飞机增加到 57 架，国内航线和国际航线达到 19 条。

10月1日 经国务院批准，全国铁路实行统一计划运输制度，合理分配各地区、各物资部门、各个品类货物的运量，均衡安排运输任务，尽最大努力满足国民经济发展的运输需要。

11月27日 新中国第一艘自主建造的沿海客货轮"民主十号"在上海黄浦码头举行开航典礼。这标志着中国造船工业的新发展，拉开了中国建造海洋运输船舶的帷幕。

11月29日 国务院印发《改进民工建勤养护公路和修建地方道路的指示》。该指示将专业队伍和群众力量密切结合起来，加快了地方道路的建设速度。

12月16日—28日 邮电部召开全国乡村邮电工作会议，制定了发展乡村邮电的 12 年规划。

图为新中国第一艘自主建造的沿海客货轮"民主十号"（图片由上海中国航海博物馆提供）

图为 20 世纪 50 年代靠人力拉大石碾进行路面压实的筑路场景（图片由《中国公路》杂志社提供）

一九五六年

1月22日　北京市邮局开始使用信函分拣传送机。这是国内首次采用机械分拣信函。

3月8日　毛泽东听取交通部汇报时指出，公路少应多修，地方工业和修公路都要发挥地方积极性。工业农业都在发展，两方面靠交通运输做纽带。

3月28日　毛泽东、刘少奇、周恩来等在北京接见出席全国铁路先进生产者代表会议的全体代表。此后于4月2日、24日、25日分别接见了出席全国民航、全国交通、全国邮电先进生产者代表会议的全体代表。

4月21日　交通部印发《关于加速地方交通建设的指示（修正草案）》，并同时公布了简易公路、大车道和驮运道3个标准，为县乡道路的大发展创造了条件。1956、1957年全国修建简易公路7万多公里。

6月23日　社会主义国家第一届主管铁道部长会议在保加利亚索非亚召开。会议决定成立"铁路合作组织"，通过《铁路合作组织章程》。1957年5月，社会主义国家第二届主管铁道部长会议在北京召开，会议修改了该章程的部分条文，并决定设立铁路合作组织委员会。该委员会作为部长会议的执行机关，常设在波兰首都华沙。

6月26日　国务院批准民航局启用新局徽。11月20日，民航局印发《更换局徽及飞机标志的通知》，确定飞机使用局徽为蓝翼红星，地面使用局徽为黄翼红星，自11月25日起使用。

7月26日　交通部、财政部印发通知，自1957年1月1日起，各省（区）养路费收支由省（区）自行平衡，中央不下达指标。1960年2月4日，交通部、财政部印发《公路养路费征收和使用暂行规定》。

图为1956年11月25日启用的民航局局徽

图为1956年安徽省公路养路费统缴样张

11月5日 陇（兰州）海（连云港）铁路东段新沂河大桥落成。这是新中国铁路发展史上第一座预应力钢筋混凝土大桥。

11月17日 民航局派出伊尔-14型632号、626号飞机，执行周恩来总理访问越南、柬埔寨和缅甸三国的专机任务，次年2月8日返回北京。这是中国民航首次执行国家领导人出国访问的专机任务。

本年 交通部完成对私营公路运输业和航运业的社会主义改造，确立了以公有制为主导、高度集中的交通运输计划经济管理体制，对公路、水路运输实行严格的"三统"（统一货源、统一运价、统一调度）政策。

本年 中国颁布第一套国际航行船舶法定证书格式。

本年 中国首次外派验船师以船东监造组方式赴德意志民主共和国执行船舶检验任务。

一九五七年

2月6日 国务院印发《关于珠江航运交由广东、广西两省直接管理的决定》，将珠江航运分别交由广东、广西两省直接管理和领导。

2月28日 中国第一列坐卧两用全钢开敞式硬席客车在四方机车车辆工厂试制成功。

4月1日 中国铁路的第一条12路载波电话线路在郑州—北京、郑州—宝鸡间开通。

9月12日 交通部实施《关于中央与地方分工管理交通事业企业体制方案》。按照"统一领导、分级管理、因地制宜、因事制宜"的方针，实行中央和地方的双重领导，明确分工，切实加强对事业企业的领导。

10月5日 周恩来在民航局关于中缅通航一周年的情况报告上批示，保证安全第一，改善服务工作，争取飞行正常。这一批示成为民航工作的指导方针。

10月11日 经国务院批准，交通部印发《中华人民共和国打捞沉船管理办法》。1962年1月6日，经国务院批准，交通部印发《中华人民共和国打捞沉船管理办法补充规定》。

10月15日 武汉长江大桥建成通车，主桥全长1156米。这是中国在长江干流上修建的第一座铁路、公路两用桥梁。大桥规模宏大，技术复杂，施工中成功地采用管柱结构代替气压沉箱修筑基础，是中国桥梁建设史上的创举。该桥于1955年9月1日开工建设，整个工期比原计划提前15个月。

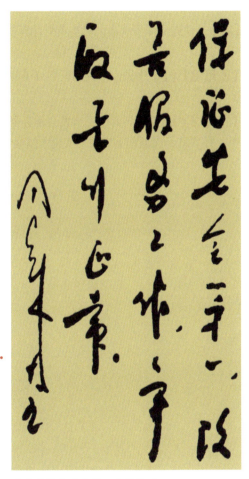

图为周恩来对民航工作的批示

图为武汉长江大桥建成通车场景（图片由经济日报社提供）

同日 长江航道部门首次在武汉长江大桥河段布设航标。

12月14日 铁道部印发《关于改进铁路体制工作的决定》，决定自1958年1月1日起撤销铁路分局一级组织机构，适当调整各局现行管界并精简管理局的现行机构和人员。

同日 铁道部印发《蒸汽机车牵引计算规程》，这是中国铁路发展史上第一部列车牵引计算规程。

12月21日 中国、苏联两国签订《关于国境及其相通河流和湖泊的商船通航协定》。

12月23日 全国人民代表大会常务委员会第八十八次会议批准承认《1948年海上避碰规则》。1958年4月3日，交通部下发通知实施。这是中国迈上国际海事舞台的开端。

一九五八年

1月1日　经国务院批准，邮电资费全国统一并降低资费标准。

1月15日　中国第一条环形试验铁路在北京市东北郊建成并投入运营。该铁路于1956年10月开工建设。

2月11日　第一届全国人民代表大会第五次会议决定任命王首道为交通部部长。

2月26日　周恩来乘"江峡"轮视察长江三峡，并为"江峡"轮题词："乘风破浪，鼓足干劲，为社会主义建设，力争上游。"

3月19日　第一届全国人民代表大会常务委员会第九十五次会议批准，将直属国务院的中国民用航空局改为交通部的部属局。

3月29日　毛泽东在重庆乘"江峡"轮视察长江，并指示，航标应该走向电气化。

5月23日　国务院印发《外轮通过琼州海峡的规定》，强调"琼州海峡是我国的领域海峡。外轮应在我控制之下始可通过，不得无限制地在这个海峡自由航行"。这是中国海疆安全秩序管理的开始。

5月　经国务院批准，局部调整海区航标管理体制，海军将沿海商港和以商用为主的军商合用港，以及近海短程航线的389座航标移交交通部管理。

6月14日　成都机车车辆工厂通过验收。这是新中国新建的第一个由中国自己设计、自己施工的机车车辆工厂，其绝大部分设备都是中国自己制造。该厂于1951年8月开工建设，是为适应成（都）渝（重庆）铁路1952年通车和宝（鸡）成（都）铁路施工急需而筹建的。

图为毛泽东、周恩来乘坐过的"江峡"轮（后改为"东方红"轮）
（图片由上海中国航海博物馆提供）

7月1日　经中共中央批准，各省、自治区、直辖市邮电管理局（北京除外）下放地方，实行以邮电部和省级地方双重领导。1962年1月1日，经中共中央批准，邮电管理体制上收（西藏除外），全国邮电企业实行中央和地方双重领导，业务以邮电部为主的管理体制。

7月11日　交通部设立远洋运输局，该局由交通部直接领导，掌管全国远洋运输事业，经营远洋运输船队及外轮代理业务，管理对外水上运输合作企业，以及其他有关水上运输涉外事宜。

7月12日　中共中央正式批转交通部党组《关于交通工作会议情况和今后方针的报告》，强调"采取全党全民办交通的方针是正确的"。

8月1日　包（头）兰（州）铁路全线通车，分别在兰州、银川、包头举行通车典礼。该线全长990公里，于1954年10月和1955年10月分别在两端开工建设，1958年7月30日在银川接轨。10月全线交付运营。该线路在中卫与干塘间经过腾格里沙漠，是中国修建最早的沙漠铁路。

8月29日　根据中共中央批示，铁道部决定实行"工管合一"的管理体制，按省（自治区）设局，各工程局和铁路管理局合并成为铁路局；各铁路局均设工程机构，负责本局线路的技术改造和所在省（自治区）的新建铁路工程。只在个别地区设工程局和专业工程局。1961年1月1日，铁道部决定，工程局不再管理营业铁路。这是改变工管合一、一省一局管理体制的开始。1月26日，中共中央批转铁道部党组《关于在铁路系统建立政治工作部和改进管理体制的报告》。中央批示强调"铁路是国民经济的大动脉，是高度集中的企业，带有半军事性质，必须把一切权力集中在铁道部"。中央还决定成立中共铁道部委员会，在铁路系统重建政治部门；在铁路系统的运输生产指挥、物资资金分配、设备调拨、干部安排和职工调动等方面，完全由铁道部负责处理；除党的思想政治工作和组织工作以外，不再实行铁道部和地方双重领导。中共中央指出的铁路特点，以后被通称为"高、大、半"。

图为火车行驶在包兰铁路上（王新著 摄）

图为巨龙型电传动货运内燃机车试制成功的庆祝场景（图片由中国国家铁路集团有限公司档案史志中心提供）

图为机组全体成员在越南河内机场合影（图片由中国民用航空局档案馆提供）

9月6日　中国第一台电力传动内燃机车在长辛店机车车辆修理厂试运成功。22日，四方机车车辆工厂制成中国第一台液力传动内燃机车（功率为441千瓦）。26日，巨龙型电传动货运内燃机车在大连机车车辆厂试制成功。12月30日，戚墅堰机车车辆厂试制出中国第一台客货运通用电传动内燃机车（先行型）。1959年4月10日，四方厂试制出东方红1型液力传动内燃机车。

10月11日　中国船舶检验局公布第一套"海船规范"，自1959年1月1日起试行。1959年2月28日，公布试行第一版《船舶检验规则》。

11月　长江江阴至鸡骨礁250公里水域全测竣工。这是中国工程技术人员第一次自主完成长江口全测，也是当时长江最完整的全测。

12月3日—31日　应越南政府邀请，中国民航派出1架里-2型飞机协助越南进行航空摄影。这是新中国民航第一次派飞机赴国外执行通用航空作业。

12月28日　中国自制的第一台电力机车——6Y1型（后改为韶山1型）干线电力机车试制成功。1969年1月，韶山1型电力机车批量生产。韶山1型电力机车是中国铁路的第一代国产客、货两用干线电力机车。1970—1980年，韶山1型电力机车成为中国电气化铁路干线的主型电力机车。

本年　苏联船舶登记局驻大连、上海办事处组织完成了为期3年的对中国船舶检验技术人员的3期培训，诞生了新中国第一批验船师，共计65人。

一九五九年

1月3日　遵照周恩来的指示，民航飞行、机务、服务人员统一着民航制服。

1月10日　新疆克拉玛依—独山子输油管线建成输油。管线全长147公里，输油能力为53万吨／年，这是中国第一条长距离原油管道。该管道于1958年5月开工建设。1962年，输油管道复线建成投产，输油能力提高至85万吨／年。

图为1959年1月《新疆石油日报》报道克拉玛依—独山子输油管道投产

2月6日　"江苏号"火车渡轮下水。这是当时中国最大的火车渡轮。6月20日起，"江苏号"参加南京、浦口间的过江渡运。

4月28日　中华人民共和国主席令（第二号）：根据中华人民共和国第二届全国人民代表大会第一次会议的决定：任命王首道为交通部部长。

6月16日　川（重庆）黔（贵阳）铁路凉风垭隧道贯通。该隧道全长4270米，是中国在20世纪50年代兴建的最长隧道，也是首次采用平行导坑施工的隧道。

图为"江苏号"渡轮

图为川黔铁路凉风垭隧道（图片由中国国家铁路集团有限公司档案史志中心提供）

图为交付使用不久的北京站（图片由中国国家铁路集团有限公司档案史志中心提供）

9月5日　重庆—吴淞 2430 公里航道全面实施航标灯电气化和开关自动化，揭开了当代长江航道历史新的一页。长江干线基本实现航标电气化。

9月15日　新建的北京站交付使用，是当时最大的客运车站。作为庆祝新中国成立 10 周年而建设的"首都十大建筑"工程之一，1 月 20 日正式开工，9 月 10 日基本竣工，全部工期只有七个月零二十天。毛泽东、刘少奇、周恩来等党和国家领导人分别在本月 13 日—15 日到北京站视察。毛泽东题写了站名。

9月18日　中国民航从苏联订购的第 1 架伊尔-18 型飞机到货，当年共接收 3 架，1960 年 4 月 1 日加入航班飞行。这标志着中国民航开始使用涡轮螺旋桨飞机。

9月22日　兰（州）青（西宁）铁路全线通车，全长 188 公里。该铁路是通向青藏高原的第一条铁路，1958 年 5 月开工建设，1960 年 2 月交付运营。

9月25日　北京邮票厂正式建成投产，这是新中国第一个现代化邮票厂。

同日　中共中央、国务院印发《关于开展群众短途运输运动的指示》。

一九六〇年

4月22日　交通部印发《公路养护暂行规定》，将公路划分为干线公路、县社公路和专用公路。

5月23日　中国和朝鲜签订《关于鸭绿江国境河流航运合作的协定》。

6月1日　大庆油田第一列原油列车从大庆始发到抚顺，为大庆油田的开发提供了有力的支持。

10月4日　交通部印发《关于紧缩机构精简人员的报告》，撤销海河总局、公路总局和水运工程建设局，新设运输总局、基本建设总局、交通工业局、安全监督局4个专业机构。

11月17日　国务院编制委员会批准中国民用航空局更名为"交通部民用航空总局"。

本年　苏联单方面终止合同，撤回铁路、公路等领域的合作专家。

一九六一年

1月15日　中共中央印发《关于改变部分交通运输企业事业单位领导体制的通知》，要求将为全国服务的交通运输企业、事业单位改为以交通部管理为主的双重领导体制。

2月2日　中国、阿尔巴尼亚两国签订《中华人民共和国和阿尔巴尼亚人民共和国通商航海条约》。12月26日，两国签订《关于组织中阿轮船股份公司的协定》。中阿轮船股份公司于1962年4月成立。1978年9月，该协定废除，中阿轮船股份公司解散。

4月27日　中国远洋运输总公司正式成立。

4月28日　悬挂五星红旗的"光华"轮开航，结束了新中国没有自己远洋船舶的历史。该船由中国船舶检验局于1960年12月完成初次入级检验并获得中国首张国际航行船舶安全证书。这也是中国船舶检验局国际航行船舶初次入级检验业务的开始。

7月15日　铁道部印发《标准轨距铁路设计技术规范》，连同前后陆续修订的各种标准规范，形成了比较完整的铁路工程标准规范体系，为铁路设计、施工及验收提供了依据。

8月15日　宝（鸡）成（都）铁路宝鸡—凤州段电气化改造工程竣工并交付运营。该段从1958年6月开始施工，是中国铁路第一个电力牵引区段。

9月　云南昆明—那发公路南盘江空腹式公路石拱桥建成通车。该桥单孔跨径112.5米，是中国第一座跨径超过百米的大型石拱桥，在当时世界同类桥梁中排名第一。

图为"光华"轮首航仪式（图片由上海中国航海博物馆提供）

一九六二年

3月15日　由四方机车车辆工厂设计制造的第一列双层客车在京山铁路试运行成功。该双层客车在沪宁、沪杭等铁路上连续运行近20年，后为浦镇车辆工厂研制的第二代双层客车所取代。

3月　交通部印发《水路危险货物运输规则》，这是中国第一个水上危险品运输规章。

4月13日　第二届全国人民代表大会常务委员会第五十三次会议决定，将交通部民用航空总局改为中国民用航空总局，为国务院直属机构。

5月6日　中共中央、国务院印发《关于当前民间运输业调整工作中的若干政策问题的指示》，明确在整个社会主义阶段，民间运输业应该有全民所有制、集体所有制和社会主义经济领导下的个体所有制三种所有制，要求对民间运输业进行保护。随后，交通部印发了《关于民间运输业若干政策问题的规定》，并于1963年成立了民间运输局，各级交通部门也先后成立了相应机构或设专职管理人员。

图为双层客车（图片由中国国家铁路集团有限公司档案史志中心提供）

6月15日　　中共中央、国务院印发《关于加强公路养护和管理工作的指示》，强调今后三五年内，现有公路的养护和管理工作要以"切实整顿、加强养护、积极恢复、逐步完善"为方针。8月15日，交通部印发《公路养护和管理工作的若干规定（试行草案）》（史称"养路四十条"）。

7月26日　交通部印发《运输合作社示范章程（试行草案）》，明确规范了运输合作社的性质、任务、组织机构及社员的权利和义务、收益分配、生活福利等相关事项。

12月　　中国铁路第一次采用双线插入段方法分期建成的复线——哈尔滨—绥化—南岔段完工。该复线全长 354 公里，于 1954 年 10 月开工建设。

一九六三年

2月　上海打捞工程局更名为"上海海难救助打捞局"，中国救捞事业开始了"以打捞为主"向"救捞并举、以救为主"的转变。

3月26日　交通部颁布《汽车运输安全生产工作试行条例》。

4月2日　交通部印发《关于本部机关调整后的机构编制的通知》，印发新的机构编制表，撤销基建总局和运输总局，设立水运总局、航务工程管理总局、公路总局、公路工程管理总局和民间运输局。

图为"跃进"号（图片由上海中国航海博物馆提供）

5月1日　中国自行设计的远洋货船"跃进"号在前往日本途中触礁沉没。中共中央、国务院高度重视，要求查清原因，吸取教训。5月24日，交通部下发船舶保证水上安全航行"十不开航、五不拖带、十四项注意"的紧急措施，并决定自27日起，在全国交通系统内开展安全大检查。

5月17日　四川巴县石油沟气田—重庆的巴渝输气管线建成投运。该管线全长54.43公里，是中国第一条长距离天然气管道，也是第一条穿越和跨越长江的管道，于1961年开工建设。

7月30日　国家计划委员会、国家经济委员会印发《关于加强地方铁路管理的有关决定》。12月1日，铁道部成立地方铁路局。地方铁路由铁道部归口管理。

10月7日　国务院颁布《中华人民共和国船舶检验局章程》，确立船舶检验局对中国船舶执行法定检验发证、办理船舶入级业务的法律地位。

10月　中国民航从英国购买的"子爵"号飞机开始交付，改变了长期以来仅使用苏制飞机的状况。该型飞机使用至1982年。

12月6日　交通部印发《中华人民共和国轮船船员考试办法》。这是新中国成立后第一个全国沿海与内河轮船船员考试管理规章。

一九六四年

3月3日　国务院印发《关于加强航道管理和养护工作的指示》，强调发展水运事业是综合利用水利资源的一个重要方面。

3月23日　经铁道部批准，四方机车车辆工厂新建内燃机车小批量生产车间。该厂于1966年停止制造蒸汽机车，开始批量制造内燃机车。

4月　江苏省无锡县交通局在东亭乡建成中国第一座双曲拱桥，这是中国独创的一种新型桥梁结构——少筋混凝土拱桥。

6月8日　国务院颁布《外国籍非军用船舶通过琼州海峡管理规则》。

7月22日　中华人民共和国主席任免人员（《人大公报》1965年第1期）：免去王首道交通部部长的职务，任命孙大光为交通部部长。

8月17日　中共中央、国务院批转国家经济委员会党组《关于试办工业、交通托拉斯的意见的报告》，同意在全国试办12个托拉斯。

9月　马鞍山钢铁公司轮箍厂正式投入生产，结束了中国辗钢轮箍全部依靠进口的历史。该厂是中国第一个火车车轮轮箍生产厂。

一九六五年

1月1日　根据国务院《关于长江干线运输实行统一管理的决定》，正式成立长江航运公司。9月24日，国务院批复同意交通部成立长江航政管理局，该局为事业单位，由交通部直接领导，统一管理长江干线及长江航运公司经营的几条支线的航政工作。1966年4月15日，长江航政管理局正式成立，施行"统一领导，分段管理"，在重庆、芜湖、南京设立分局。

3月1日　民航北京管理局伊尔-18型飞机从北京首都机场起飞，经停成都后于3月2日上午飞抵拉萨当雄机场，标志着西藏正式通航。

3月18日　经国务院批准，邮电部公布邮电徽标。1981年6月，邮电部确定新的邮电徽标，并于同年7月1日正式启用。1996年9月，在中国邮政开办100周年之际，邮电部邮政总局对外公布了中国邮政企业徽标。

图为 1981 年徽标

图为 1996 年徽标

图为伊尔-18型飞机降落在拉萨当雄机场场景（钱嗣杰 摄）

3 月 23 日 周恩来率代表团访问罗马尼亚，乘坐中国民航飞机由北京到达卡，然后改乘巴基斯坦国际航空公司的飞机。飞行途中，指示民航总局有关部门负责人："中国民航不飞出去，就打不开局面。一定要飞出去，才能打开局面。" 6 月 1 日—10 日，民航北京管理局派出伊尔 –18 型 208 号飞机，圆满完成周恩来出访坦桑尼亚的专机任务。此次飞行飞经 12 个国家和地区，在 8 个国际机场起降，累计航程 4.4 万公里。这是新中国民航首次执行赴非洲专机任务，也是当时新中国民航执行的飞行距离最远、持续飞行时间最长的专机任务。

7 月 1 日 中国建设的中（国）尼（泊尔）公路国内段通车，全长 488.87 公里。

7 月 17 日—28 日 民航北京管理局派出伊尔 –18 型 212 号机，执行邓小平赴罗马尼亚出席罗马尼亚工人党第四次全国代表大会的专机任务。这是新中国民航首次执行赴欧洲的专机任务。

12 月 21 日 全国物价委员会、交通部印发《关于调整汽车货运运价的通知》，要求各省（自治区、直辖市）在两三年内将汽车货物运价降到 0.20 元 / 吨公里，并对支农物资实行特价，再次强调取消不合理的运费附加，简化计费项目和收费手续。

一九六六年

1月1日 兰（州）新（乌鲁木齐）铁路正式运营，全长1903.8公里。该线于1952年10月1日开工建设，1962年12月全线铺通。兰新铁路和陇（兰州）海（连云港）铁路共同构成中国东西的交通大动脉。1955年5月20日，该线的玉门—国境段1500公里采用航空测量新技术，这是新中国成立后第一次在铁路勘测中采用航测技术。1955年7月1日，兰新铁路河口黄河大桥正式通车，这是新中国在黄河上新建的第一座铁路大桥。

图为兰新铁路河口黄河大桥（图片由中国国家铁路集团有限公司档案史志中心提供）

2月26日 邓小平在全国工业交通工作会议和全国工业交通政治工作会议上作报告。在谈到总结经验的重要性时，他指出，一项工作，往往因为不能及时总结经验，走了弯路。及时总结经验，就可以不走弯路或者少走弯路。

3月18日 交通部印发《关于全国公路干线网的初步意见》，计划在"三五"期间，在现有48万公里公路的基础上，择定8万公里建成全国主要干线公路（即国道）。

3月25日—31日 第一艘驶入长江的万吨级油轮"建设-17"号，满载10888吨原油从大连港出发，安全抵达南京炼油厂。

6月1日 中国、法国两国政府在巴黎签署《航空运输协定》。9月19日，法国航空公司开辟巴黎—雅典—开罗—卡拉奇—金边—上海国际航线，这是中国与西方国家开辟的第一条航线。

8月 中国人民解放军基建工程兵交通部办公室成立，领导"851"大队。1971年"852"大队组建后，基建工程兵交通部办公室升格，承担国防公路和重要公路干线的修建任务。

11月14日 吉林扶余油矿横跨第二松花江的输油管线建成输油。该管线全长2260米，年设计输油能力为65万吨，于当年1月5日开工架设，并首创钻孔固桩完成基础工程的施工方法，是国内第一条跨江输油管道。

11月 成（都）昆（明）铁路旧庄河一号桥竣工。该桥是新中国第一座悬拼法施工建设的预应力混凝土铰接悬臂梁铁路桥。

一九六七年

1月26日　国务院、中央军委印发《关于民用航空系统由军队接管的命令》，其中确定具体工作由空军组织实施。5月31日，中共中央、国务院、中央军委、中央文革小组印发《关于对交通部实行军事管制的决定》，自即日起对交通部实行军事管制，成立军事管制委员会，任命赵启民为军管会主任。该委员会于6月2日上午进驻交通部。5月31日，中共中央、国务院、中央军委、中央文革小组印发《关于对铁道部实行军事管制的决定（试行）》，决定对铁道部实行军事管制。6月12日，国务院、中央军委决定，对全国铁路实行全面军事管制。8月1日，邮电部军管会先遣组进驻邮电部机关，31日，邮电部军管会宣布对邮电部实行军管。12月下旬，中央决定对长江航运系统实行军事管制。

6月22日　中（国）坦（桑尼亚）联合海运公司成立。该公司是周恩来和坦桑尼亚总统尼雷尔共同倡议成立的，是两国政府间的第一家合资企业。

9月5日　中国政府和坦桑尼亚、赞比亚两国政府在北京签署《关于修建坦赞铁路的协定》。坦赞铁路全长1860.5公里，于1970年10月开工建设。1976年7月14日，坦赞铁路竣工交接仪式在赞比亚举行。移交后，中国、坦桑尼亚、赞比亚三国签署协议，在该铁路上进行技术合作，建立和改进运营管理。坦赞铁路是一条贯通东非和中南非的交通大干线，是东非交通大动脉。

一九六八年

1月8日 中国第一艘自行研究、设计、建造的万吨级远洋货轮"东风"号建成。该轮于1959年开工，1965年试航，具有完全的"中国自主知识产权"。

2月22日 交通部军管会报告中央：遵照指示，交通部军管会赵启民等12人，调出军管会返回海军。军管会工作暂由副主任张瑞基负责。

7月 中国援助巴基斯坦的喀喇昆仑公路一期工程开工建设，1971年2月建成。二期工程于1979年完成。

12月29日 南京长江大桥全面建成通车。这是当时中国自行设计建造的最长的铁路、公路两用桥，被称为"争气桥"。铁路桥全长6772米，公路桥全长4580米；铁路为复线，公路为4车道；桥下通航净宽120米，通航高度在长江最高水位时为24米。该桥于1960年1月18日开工建设。

图为"东风"号远洋货轮（图片由新华社提供）

图为喀喇昆仑公路塔科特大桥（袁长发 摄）

图为南京长江大桥（图片由新华社提供）

一九六九年

9月　交通部军管会主任由潘友宏担任。

10月1日　中国第一条城市地铁线路——北京地下铁道一期工程正式建成通车，即北京地铁1号线。该工程于1965年7月1日开工建设，采取浅埋明挖法施工。1965年2月4日，毛泽东在建设方案的报告批示，精心设计，精心施工，在建设过程中一定会有不少错误、失败，随时注意改正。

10月8日　江苏沭阳新沂河大桥建成通车，桥长为1267米，由连续39孔具有中国民族特色的双曲拱组成。该桥是中国当时最长的双曲拱桥。

11月5日　国务院、中央军委批准将铁道部、交通部和邮电部的邮政部分机构合并，成立新的交通部。1970年1月1日，邮电部正式撤销，新组建的邮政总局和电信总局正式开始办公，其中邮政总局归属交通部管理；7月1日，交通部、铁道部和邮政总局合并为交通部；9月9日，国务院制发新的"中华人民共和国交通部"印章正式启用。

11月20日　国务院、中央军委批准并转发民航总局《关于进一步改革民航体制和制度的请示报告》，批准民航划归中国人民解放军建制，成为空军的组成部分。1980年3月5日，国务院、中央军委印发《关于民航总局不再由空军代管的通知》，决定自1980年3月15日起，民航总局不再由空军代管，恢复为国务院直属机构。

图为北京地铁1号线（孔繁根 摄）

一九七〇年

2月 周恩来在听取全国计划会议情况报告时，决定在"四五"计划期间加快发展中国的远洋运输船队，改变长期租用外国船只的被动局面。

3月8日 中国第一位海轮女船长孔庆芬首次作为船长（1969年12月通过船长技术鉴定考试）驾驶3000吨的货船"战斗67"号启航。

5月 外贸部香港远洋运输公司移交交通部管理，作为交通部在香港的直属企业，继续承担原定运输任务。

6月7日 国务院在《关于国务院各部门建立党的核心小组和革命委员会的请示》中提出由铁道部、交通部、邮电部的邮政部分合并建立交通部革命委员会，由杨杰（原铁道部军委会副主任、总参军事交通部副部长）担任交通部革委会主任。6月22日，中共中央作出批示，同意国务院的请示。

7月1日 成（都）昆（明）铁路建成通车，全长1091公里。该铁路从1958年7月开始动工修建，曾经三次上马三次下马，1964年9月复工。毛泽东高度重视成昆铁路建设，提出"成昆路要快修"的要求。

图为成昆铁路通车典礼会场场景（图片由中国国家铁路集团有限公司档案史志中心提供）

8月3日 为解决大庆原油外运紧张问题，按照国务院、中央军委《关于建设东北输油管道的通知》要求，东北输油管道工程领导小组宣布成立。在工程领导小组全体会议上将东北输油管道工程命名为"八三"工程。此后，该工程的大庆至抚顺、铁岭至秦皇岛、大庆至铁岭（复线）、铁岭至大连、抚顺至鞍山、盘锦至锦西、丹东至朝鲜新义州、抚顺石油三厂至辽宁电厂8条输油管道先后建成，总长2471公里。

图为1975年9月10日铁岭至大连输油管道建成投产大会现场场景（图片由国家能源局提供）

一九七一年

4 月　中国自行设计建造的 1940 千瓦沿海救助拖轮"沪救 6"号在上海救捞局投入使用，成为当时中国最大功率的沿海救助拖轮。

6 月 23 日　交通部下达"红旗"轮首航智利开辟南美航线的任务。该轮于 7 月 17 日从大连港出发，10 月 31 日返回青岛，胜利完成首航。

6 月 27 日　中国第一艘两万吨货轮——"长风"号在上海江南造船厂下水。

10 月 30 日　大庆至抚顺输油管道全线竣工。大庆原油通过庆抚线外输，于 11 月 7 日到达抚顺。管道全长 663.6 公里，年输油能力为 2000 万吨，是中国自行设计和建设的第一条长距离、大口径及输送高凝点、高黏度、高含蜡原油管道。

11 月 19 日　国际民用航空组织第七十四届理事会第十六次会议通过决议，承认中华人民共和国政府的代表为中国驻国际民用航空组织的唯一合法代表。

图为大庆油田第一条原油长输管线，首站林源（范惠琛摄）

一九七二年

2月26日—27日　美国总统尼克松访华期间，赴杭州、上海参观访问，并乘坐中国民航机组执飞的专机。

3月25日　公安部、交通部印发《城市和公路交通管理规则（试行）》。

4月13日　万国邮政联盟恢复中华人民共和国在该组织的唯一合法代表席位。

5月23日　联合国政府间海事协商组织第二十八届理事会通过决议案，承认中华人民共和国政府是联合国政府间海事协商组织中代表中国的唯一政府。1973年3月1日，中国正式成为该组织成员，由中国港监局、中国船检局代表中国政府履行有关国际海事公约，参与有关管理事务。该组织于1982年5月更名为国际海事组织。

9月12日　经国务院批准，交通部决定重新组建中国远洋运输总公司，为交通部直属企业。1974年10月1日，交通部恢复远洋运输局。该局为一个机构三个牌子，即远洋运输局、中国远洋运输总公司、中国外轮代理总公司。

12月15日　交通部发出通知，决定在上海、大连间开办集装箱运输。

本年　中国恢复在联合国合法地位后，对外贸易规模迅速扩大，海上运输量迅猛增长，全国普遍出现港口严重压船现象。

本年　中国船舶检验局完成了对中国自行建造的"渤海一号"自升式移动钻井平台的建造检验，并由此开始了有关海洋工程检验服务。

一九七三年

2月27日　周恩来指示，三年改变港口面貌。中国迎来了第一次港口建设高潮。

3月6日　中共中央批准恢复邮电部、调整邮电体制。5月23日，国务院、中央军委印发《关于调整邮电体制问题的通知》，恢复邮电部，撤销电信总局和交通部邮政总局。

4月16日　中华人民共和国燃料化学工业部石油天然气管道局成立，统一领导全国石油、天然气管道建设及生产管理工作。

6月26日　国务院、中央军委关于民航总局干部配备的通知（国发〔1973〕75号）：中央决定，任命马仁辉为民航总局局长，免去邝任农兼民航总局局长职务。

8月5日　交通部设立环境保护专职管理机构——交通部环境保护办公室，主管全国交通行业环保工作。

9月30日　大庆至秦皇岛输油管道胜利建成，这是中国自行设计、自己提供设备、自己施工的第一条大口径、长距离地下大动脉。

图为大庆至秦皇岛输油管道建成通油场景（图片由国家能源局提供）

9 月　10 吨型集装箱货运在天津、上海和神户、横滨之间开展，拉开了中国国际集装箱货运的帷幕。

10 月 5 日　中国船舶检验局代表中国政府将加入《1960 年国际海上人命安全公约》和《1966 年国际船舶载重线公约》的公函交存联合国政府间海事协商组织。1974 年 1 月 5 日，这两个公约在中国生效。

10 月 9 日　襄（樊）渝（重庆）铁路东西两段在大棕溪站接轨，全线建成通车，全长 897 公里。该铁路是联系中南、西南地区的铁路干线。该线襄樊—莫家营段与（武）汉丹（江口）铁路共轨，已于 1960 年建成通车。1968 年国家决定将川豫铁路的起点改为襄樊，终点改为重庆，改称襄渝铁路。全线东西两段分别于 1968 年 4 月、1969 年 3 月开始施工。1978 年 6 月全线交付运营。该线工程艰巨，桥隧共长 400 公里，是当时中国铁路中桥隧密度最大的铁路。

图为襄渝铁路武当山隧道（图片由中国国家铁路集团有限公司档案史志中心提供）

11 月 13 日　中国派代表团出席在伦敦召开的联合国政府间海事协商组织第八届全体大会。这是中国加入联合国政府间海事协商组织后首次正式参加该组织大会。

12 月 28 日　国务院、中央军委印发《关于成立海上安全指挥部的通知》，决定成立由多部门参加的海上安全指挥部，交通部负责人任指挥部主任。这是中国首次成立专门机构具体负责国轮安全航行，并按照国际公约为海上船舶提供气象服务，对遇难外轮进行救助，防止船舶污染海域。1989 年 7 月 18 日，国务院、中央军委批复同意全国海上安全指挥部撤销后，在交通部建立中国海上搜救中心。2005 年 5 月 22 日，经国务院批准，建立由交通部牵头的国家海上搜救部际联席会议制度。交通部部长担任联席会议召集人，各成员单位有关负责同志为联席会议成员。中国海上搜救中心是联席会议的办事机构，负责联席会议的日常工作。2012 年 10 月 13 日，经国务院批准，建立由交通运输部牵头的国家重大海上溢油应急处置部际联席会议制度。交通运输部部长担任联席会议召集人，各成员单位有关负责同志为联席会议成员。中国海上搜救中心使用中国海上溢油应急中心的名义，承担联席会议的日常工作。

一九七四年

2月15日　中国政府决定承认 1944 年的《国际民用航空公约》（芝加哥公约）有关修正议定书，并决定自即日起参加国际民航组织的活动。

5月7日　枝（城）柳（州）铁路牛角山隧道竣工。这是中国铁路首次使用反台阶法施工的隧道。

5月25日　经国务院批准，国家计划委员会印发《关于建立和健全海上救助打捞工作的通知》，同意交通部提出的建立和健全上海、广州、烟台三个海难救助打捞局的请示。7 月 13 日，广州救捞局成立；9 月 12 日，烟台救捞局成立，连同原有的上海救捞局组成了全国性布局的救助打捞机构。

9月8日　沈阳—抚顺南线一级公路建成，全长 27.24 公里。这是中国大陆建设的第一条一级公路。

9月24日—10月15日　中国代表团出席在加拿大蒙特利尔举行的国际民航组织第二十一届大会。会上，中国当选为该组织理事国。

一九七五年

1月17日 第四届全国人民代表大会第一次会议决定，将交通部和铁道部分开设置，各自恢复建制。

同日 第四届全国人民代表大会第一次会议任命叶飞为交通部部长。

2月21日 在国务院港口建设领导小组会议上，谷牧传达周恩来关于至1980年要建泊位250—300个的指示。6月，"五五"港口建设规划会议召开，认真落实周恩来指示要求。

3月5日 邓小平在《全党讲大局，把国民经济搞上去》讲话中指出，铁路运输的问题不解决，生产部署统统打乱，整个计划都会落空。所以中央下定决心解决这个问题。根据讲话精神，中共中央印发《关于加强铁路工作的决定》（即9号文件），文件指出，铁路运输当前仍然是国民经济中一个突出的薄弱环节，不能适应工农业发展的需要，不能适应加强战备的需要。3月7日，铁道部召开全路电话会议，传达中央9号文件精神，提出贯彻落实措施，随后铁路整顿工作全面开展。铁路的整顿，带动了整个工业首先是钢铁工业的整顿。经过几个月整顿，经济形势日益好转。

6月9日 国务院、中央军委对民航总局领导干部调整的通知（国发〔1975〕80号）：任命刘存信为民航总局局长，民航总局局长马仁辉调出民航总局、由中央组织部另行分配工作。

7月1日 宝（鸡）成（都）铁路完成电气化改造，成为中国第一条全线电气化铁路。

8月4日 红星240、245两艘客轮在广东顺德县容桂水道相撞，造成乘客与船员死亡437人，被称为"八四海事"或"八四海难"。

9月25日 交通部印发《公路养护管理暂行规定》。将"养路四十条"修订为34条，并提出"全面养护，加强管理，统一规划，积极改善"的方针。

11月13日 亚太邮联承认中华人民共和国为代表中国的唯一合法代表。

图为宝成铁路全线电气化通车现场场景（图片由中国国家铁路集团有限公司档案史志中心提供）

一九七六年

1月8日 中国、朝鲜两国共同建设的中朝友谊输油管道竣工。该管道年输油能力为400万吨，其中输原油300万吨，输成品油100万吨。

5月29日 交通部成立通讯导航局，负责通讯导航的规划、建设和业务技术管理工作。

6月6日 中国第一座10万吨级现代化深水油港——大连新港建成。

7月28日 河北唐山、丰南一带发生强烈地震。唐山、天津地区交通基础设施破坏极其严重。灾情发生后，铁路、交通、民航、邮电各部门迅速组织人力、物力，抗灾救灾。

图为大连新港投产大会现场场景（图片由新华社提供）

一九七七年

1月2日　河南洛阳黄河大桥通车，全长3428.9米。该桥是当时中国最长的公路桥，于1973年7月26日开工建设。

1月3日　交通部和海军召开联席会议，研究打捞"阿波丸"号沉船相关事宜，并请示国务院。4月5日，国务院正式批复同意由交通部和海军联合打捞"阿波丸"号沉船。这一打捞工程历时4年（至1980年），史称"7713工程"。

6月15日　阳（平关）安（康）铁路新建电气化铁路全线开通。这是中国第一条一次性建成的电气化新建铁路。

7月15日—25日　在甘肃召开的全国公路基本建设会议上，交通部提出新建高速、快速路，以利于开展集装箱运输的初步规划。随后，交通部提出要修建京津塘高速公路，力争三年内建成通车。并通过修建这条高速公路积累经验，促进中国公路交通现代化。

7月18日　交通部在北京召开沿海港口疏运工作会议，要求贯彻国务院领导对港口疏运工作的指示精神，解决港口压船、压车、压货问题。

10月　格尔木至拉萨成品油管道建成投产。管线全长1080公里，是中国第一条长距离成品油输送管道，也是世界上海拔最高的输油管道。

11月　中华人民共和国航标主管部门成为国际航标协会中代表中国的唯一合法代表。

12月20日　国务院、中央军委关于沈图等同志任免职务的通知（国发〔1977〕164号）：任命沈图为民航总局局长，免去刘存信民航总局局长职务。

图为格尔木至拉萨成品油管道施工现场场景（图片由国家能源局提供）

一九七八年

2月26日—3月5日　第五届全国人民代表大会第一次会议召开。会上通过的《政府工作报告》对交通运输工作提出了三个方面的要求：公路和内河运输、远洋和航空运输都有较大发展；要建立一个适应工农业发展需要的交通运输网和邮电通讯网；交通运输大量高速化。

3月13日　交通部决定成立海难救助打捞局，作为部内职能局，负责全国救助打捞业务的归口管理。这标志着国家救助打捞专业管理机构的正式诞生。12月22日，经国务院批准，交通部救捞局加挂"中国拖轮公司"的牌子。1979年5月1日，中国拖轮公司在北京正式成立，下辖烟台、上海、广州三家分公司。1982年7月22日，在交通部机构调整中，海难救助打捞局改为中国海难救助打捞总公司。1987年6月25日，经劳动人事部批准，交通部恢复交通部海上救助打捞局，撤销中国拖轮公司，对外交往仍沿用中国海难救助打捞总公司名义。

4月20日　中共中央印发《关于加快工业发展若干问题的决定（草案）》（简称《工业三十条》）。这是当时指导工业交通战线拨乱反正的重要文件。

5月1日　中国首座自行设计、建造的水中大型灯塔——天津大沽灯塔建成投入使用。这是中国第一座从海底建起的固定式灯塔，其建造技术填补了中国在开敞式海域建设孤立建筑物的空白。

5月23日　交通部、石油部印发《关于处理石油管道和天然气管道与公路相互关系的若干规定（试行）》。

7月1日　河北滦河新桥建成通车。该桥全长979.2米，是中国第一座抗高烈度地震公路桥。

8月5日　国务院批转国家计划委员会、交通部、财政部《关于整顿公路养路费征收标准的报告》。

图为天津大沽灯塔（田玉清摄）

10月6日　国家计划委员会印发《国家计划委员会关于汽车挂车的生产和分配由交通部统一归口的通知》，决定自1979年起，汽车挂车的生产和分配由交通部统一归口管理。

10月9日　交通部党组向中共中央、国务院报送《关于充分利用香港招商局问题的请示》，提出让香港招商局"冲破束缚，放手大干"，以加强中国在香港、澳门的经济力量，发展远洋运输事业。

10月16日　交通部向日本订造的15300千瓦远洋救助拖轮"德大"号交付上海救捞局使用，该拖轮成为当时救捞系统功率最大的救助拖轮。

11月25日　江苏盱眙淮河大桥建成通车，全长1922.9米。该桥是当时中国最大的公路、石油管道两用桥。

12月12日　交通部转发《国务院关于加强港口口岸组织领导的通知》，明确港口口岸工作的方针任务和管辖范围，并决定成立港口口岸领导小组，在各开发港口设立口岸办公室。

一九七九年

1月1日　全国人民代表大会常务委员会发表《告台湾同胞书》，提出尊重台湾现状、实现和平统一的大政方针，建议两岸实现通商、通邮、通航。

1月　广东省和交通部联名向国务院递交报告，提出在蛇口一带设立工业区的设想。1月31日，中共中央、国务院决定在广东蛇口建立全国第一个对外开放的工业区——蛇口工业区，由交通部驻香港企业招商局集资并组织实施。次月，经国务院批准，招商局在深圳启动蛇口工业区的建设工作。蛇口成为中国对外开放的"窗口"，为中国的改革开放成功探索出可以借鉴的"蛇口模式"。该工业区的开发加强了蛇口同香港及其他有关港口的水上联系，通航工作作为先行任务开始启动。1981年5月7日，蛇口港建设第一期工程竣工并投入使用。1983年9月25日，经国务院批准，蛇口港成为国家正式对外开放口岸，也是中国第一个由企业投资、自负盈亏的港口。

2月1日　交通部印发《内河避碰规则》，自1980年1月1日起实施。这是新中国首次统一内河各水系航行避碰规则。

2月12日　经国务院批准，中国公路桥梁工程公司成立。该公司与交通部援外办公室为同一机构两块牌子。

1979年之后，蛇口工业区成为对外开放的窗口。左图为蛇口第一爆现场。右图为蛇口建设初期现场场景（沈嘉豪 摄）

2月15日　中共中央同意曾生任交通部部长、党组书记。

2月25日　交通部、国家基本建设委员会作出"港口建设指挥部实行中央、地方双重领导，以交通部为主的领导体制"的决定。

2月28日　铁道部印发《铁路科学技术发展主要技术政策》。1983年5月，《铁路主要技术政策》正式颁布实行，成为20世纪80年代铁路现代化改造和建设的依据，对铁路发展产生深远影响。该政策于1988年、1993年、2000年、2004年、2013年修订。

3月22日　交通部印发《船舶进出港口签证办理办法》，于7月1日起施行。

3月25日　"柳林海"号货轮由上海启航，横跨太平洋，于4月18日首次抵达美国西雅图港，中美海上航线正式开通。9月25日，上海港与美国西雅图港结为友好港，开了中国与国外港口建立友好港的先河。2015年9月22日，习近平在华盛顿州会见当地政要和友好人士时指出，中美建交刚刚3个多月，中国"柳林海"号货轮就抵达西雅图港，结束两国几十年不曾通航的历史。

5月1日　铁道部决定，工业总局、基本建设总局、物资管理总局对外分别称中国铁路技术装备总公司（1982年10月改称中国铁路机车车辆工业总公司）、中国铁路工程总公司、中国铁路物资总公司，实行企业化管理。

图为"柳林海"号货轮

6月11日 广州海运局万吨级货船"红旗121"号从珠江口出发，穿过台湾海峡驶抵上海，率先完成商船通过台湾海峡的试航任务，使中断30年之久的台湾海峡恢复通航。

6月28日 经国务院批准，邮电部调整邮电管理体制。全国邮电部门实行邮电部和省、自治区、直辖市双重领导，以邮电部为主的管理体制，对邮电实行统一管理。

6月 交通部决定开展全国第一次公路和内河航道普查。

7月15日 中共中央、国务院同意在深圳、珠海、汕头和厦门试办出口特区。1980年5月16日，中共中央、国务院正式将出口特区改称为经济特区。

7月 国际铁路联盟第三十七届全体大会通过决议，恢复中国在该组织的成员地位。

8月23日 国务院批准交通部通信导航局设立北京船舶通信导航公司，代表中国政府加入国际海事卫星组织。9月11日，交通部批准成立北京船舶通信导航公司。

8月25日 国务院批准《中华人民共和国对外国籍船舶管理规则》，交通部于9月18日公布实施。

9月24日 国家计划委员会、交通部、财政部、中国人民银行印发《关于公路养路费征收和使用的规定》，自1980年1月1日起施行。该规定于1992年1月1日起废止，为1991年10月15日交通部、国家计划委员会、财政部、国家物价局颁布《公路养路费征收管理规定》所替代。

9月28日 新华社报道，新中国成立以来，共修建了103条新铁路，全国铁路通车总里程达到5万多公里，已有复线8000公里，电气化铁路1000多公里。

12月7日 中国和日本两国政府在北京发表会谈公报，日本政府向中国提供第一批日元贷款，总金额为1300亿日元，用于（北）京广（州）铁路衡广段复线（含部分区段电气化和大瑶山隧道）、（北）京秦（皇岛）铁路、兖（州）石（臼港）铁路建设工程。这是改革开放以来铁道部第一次使用外国政府的贷款。

12月22日 中华人民共和国政府批准加入1974年11月1日签订的《1974年国际海上人命安全公约》。

一九八〇年

1月1日　北京首都机场新航站楼建成投入使用。

同日　铁道部印发《改革铁路运输企业财务管理体制试行办法》。这是全国铁路财务制度的一次重大改革，将原来由铁道部统一核算、包收包支的管理模式改为铁路局独立经济核算、收支挂钩、计算利润的管理模式。

1月5日　交通部将设在长江各港口的长江航政局机构名称，统一为"中华人民共和国××港务监督"和"中华人民共和国船舶检验局××办事处"。

2月14日　邓小平听取民航总局负责人工作汇报时指出，民航一定要企业化，这个方针已经定了。民航总局由国务院直接领导是一个重大改革。

2月27日　中国民航从美国订购的第一架波音747SP型飞机交付。该机于4月1日起正式加入航班飞行。这是中国民航首次使用宽体客机。

4月17日　国务院批准长江沿岸的张家港港、南通港、南京港、芜湖港、九江港、武汉港、城陵矶港、重庆港为对外贸易运输港口。

4月24日　国务院批准由海军管理的海上干线公用航标（除少数位于海防前哨和军事设施地区的航标外）移交交通部管理。

5月1日　由中国民用航空北京管理局与香港美心集团合资经营的北京航空食品有限公司开业。该公司是中华人民共和国外国投资管理委员会批准的第一家中外合资企业。

5月17日　国务院、中央军委印发《关于民航管理体制若干问题的决定》，确定民航不再由空军代管。民航总局是国家管理民航事业的行政机构，统一管理全国民航的机构、人员和业务，逐步实现企业化管理。8月4日，《人民日报》发表社论《民航要走企业化的道路》。

5月19日　新华社报道，到1979年底，全国公路通车总里程达到89万公里。除西藏墨脱县和四川得荣县外，全国2000多个县都已通公路。

5 月　在日本建造的起吊能力为 2500 吨的自航浮吊船"大力"号由上海救捞局接收回国，成为救捞系统当时最大浮吊船。

7 月 1 日　邮电部在全国范围内推行"邮政编码"制度。

7 月 11 日　邓小平乘坐"东方红 32"轮视察拟建的三峡大坝坝址和正在兴建的葛洲坝工程。

7 月 25 日　铁道部、司法部印发通知，根据《中华人民共和国人民法院组织法》关于专门人民法院的有关规定，结合铁路运输的特点和需要，决定在北京设立铁路运输高级法院，在铁路局所在地设立铁路运输中级法院，在铁路分局所在地设立铁路运输法院，主要任务是审判危害铁路运输的刑事案件和不服仲裁的经济案件。2012 年 7 月 31 日，根据中共中央关于铁路运输法院管理体制改革的要求，全国 17 个铁路运输中级法院、58 个铁路运输基层法院改制工作基本完成，已全部移交地方管理，整体纳入国家司法体系。

8 月 27 日　国务院颁布《港口口岸工作暂行条例》。

9 月　中国政府加入《1972 年国际集装箱安全公约》，船检局作为船运集装箱的批准、检验和发证业务的主管机构。

10 月 25 日　铁道部、最高人民检察院印发通知，根据《中华人民共和国人民检察院组织法》，结合铁路运输的特点和需要，决定在北京设立全国铁路运输检察院，在铁路局所在地设立铁路运输检察院（后改铁路运输检察分院），在铁路分局所在地设立铁路运输基层检察院，负责受理铁路运输方面的刑事案件和有关经济案件。2012 年 6 月 30 日，全国 17 个铁路运输检察院、59 个铁路运输基层检察院全部移交给 29 个省级人民检察院，实行属地管理。

12 月 20 日　南通港两个万吨级泊位正式投产。这是中国第一次在长江内河港兴建万吨级深水码头。

一九八一年

1月1日　铁路开始试行全行业（包括运输、工业和供销企业）全额利润留成制度。这是财政体制改革的一个重大步骤，也是扩大企业自主权的一项重要内容。利润留成率一定三年不变。同过去实行的企业基金制度相比，铁路企业在财政上取得了一些自主权。

1月7日　中国民航开辟北京—上海—旧金山—纽约航线，标志着中美正式通航，4月4日又开辟北京—上海—旧金山航线。

3月6日　第五届全国人民代表大会常务委员会任免人员：决定免去曾生的交通部部长职务，任命彭德清为交通部部长。

5月22日　交通部新印发的《公路工程技术标准》，首次将高速公路列入公路技术标准。

图为中国民航北京—纽约航线开航人员合影（图片由中国民用航空局档案馆提供）

6月15日 长江葛洲坝水利枢纽2号船闸首次试航成功。这是在长江上修建的第一座大型通航建筑物。

9月1日 湘（衡阳）桂（凭祥）铁路红水河复线大桥建成通车，主跨为96米。该桥是国内第一座铁路预应力混凝土斜拉桥，也是继联邦德国、英国、日本之后在世界上建成的第四座铁路预应力混凝土斜拉桥。

11月30日 经国务院批准，国家计划委员会、国家经济委员会、交通部印发《关于划定国家干线公路网的通知》，并附《国家干线公路网（试行方案）路线布局图》。国家干线公路网（即国道网）规划线路70条，全长约11万公里。

11月30日—12月1日 第五届全国人民代表大会第四次会议通过的政府工作报告中指出，能源、交通是当前经济发展中的薄弱环节。能源和交通的建设要结合起来进行，交通还应该先走一步。

12月21日 国务院原则同意交通部与辽宁省人民政府共同制定的《大连港口体制改革试行方案》。该方案于1982年1月1日起实施。这标志着沿海港口管理体制改革的开始。

12月24日 天津港三港池集装箱码头泊位通过验收。三港池集装箱码头泊位是中国建成的第一个现代化集装箱专用泊位。

本年 广东率先提出"贷款修路、收费还贷"的设想，并在全国开了"以桥养桥，以路养路"的先河。

一九八二年

1月 宁波雷达导航系统正式建成运行。这是中国第一个以雷达监视为主的船舶交通管理系统。

4月7日 国务院印发《关于限期修通国家和省级干线公路断头路的通知》，要求国家干线中的断头路一般应在3—5年内修通，省级干线的主要断头路由各省（区、市）制订规划，在1990年以前修通。

5月4日 第五届全国人民代表大会常务委员会第二十三次会议决定免去彭德清的交通部部长职务，任命李清为交通部部长。

6月11日 国家经济委员会、交通部印发《关于改善和加强公路运输管理的暂行规定》。

同日 国务院常务会议决定，为了使机构名称规范化，将"中国民用航空总局"改为"中国民用航空局"。8月23日，第五届全国人民代表大会常务委员会第二十四次会议审议通过这一决定。

6月21日—28日 交通部在甘肃平凉召开全国公路养护工作会议，提出"普及与提高相结合，以提高为主"的方针。

6月27日 中国民航利用科威特阿拉伯基金委员会贷款修建厦门高崎机场协议书在厦门签字，中国民航开始利用外资修建机场。

图为厦门高崎国际机场（图片由中国民用航空局档案馆提供）

7月1日 大连、天津港务监督试行对中国籍国际航行船舶进行船旗国监督检查。这标志着中国船旗国监督检查正式开始。

7月14日 山东济南黄河公路大桥建成通车。该桥全长2023米，其中主桥长488米，为主跨220米的预应力混凝土连续梁斜拉桥，是中国当时已建跨径最大的桥梁。

7月25日 中国民航兰州管理局杨继海机组成功处置孙云平等五名歹徒用暴力手段劫持飞机事件。8月12日，国务院发出嘉奖令，授予杨继海机组"中国民航英雄机组"称号，授予机长杨继海"反劫机英雄"称号。

8月10日 邓小平在会见海外华人学者时指出，中国经济发展，前十年要把比例失调解决，打好基础。第一个是农业，第二个是能源、交通，第三个是科学教育。

图为山东济南黄河公路大桥（吴增祥 摄）

8月20日 经国务院批准，交通部印发《关于交通部机关机构设置和职责分工的通知》。交通部机关设置16个司局，从9月1日起新机构开始运行。

8月23日 第五届全国人民代表大会常务委员会第二十四次会议通过《中华人民共和国海洋环境保护法》。该法于1983年3月1日起生效。该法首次明确防止船舶污染水域的环境保护工作的主管机关为港务监督部门。

9月1日 中共十二大报告第一次将交通提到经济发展战略的重点地位，并指出"最重要的是要解决好农业问题，能源、交通问题和教育、科学问题""交通运输的能力同运输量增长的需要很不适应"。

9月29日 石（家庄）太（原）电气化铁路阳泉—太原段通车。至此，中国第一条复线电气化铁路——石太电气化铁路全线通车。1980年9月9日，该铁路的一期电气化工程（石家庄—阳泉）段建成通车。阳泉—太原段为二期工程。

一九八三年

3月7日—13日 　交通部在全国交通工作会议上提出"有河大家走船、有路大家走车"。1984年7月28日，交通部党组向中央书记处和国务院汇报，提出"鼓励各部门、各行业、各地区一起干，国营、集体、个人以及各种运输工具一起上"。1984年8月6日，中共中央书记处召开第149次会议，要求交通运输部门改革管理体制，政企分开，简政放权；从交通运输事业多层次、多形式、多渠道的特点出发，放宽政策，搞活运输，实行多家经营、鼓励竞争，鼓励各部门、各行业、各地区一起干，国营、集体、个人以及各种运输工具一起上，调动各方面的积极性，百车竞发，百舸争流；要打破部门所有制和地区所有制造成的人为分割，开展各地区之间、各种运输方式之间的联营、联运，要鼓励个体运输、发展新型运输联合体。1984年9月10日，交通部印发《关于贯彻中央和国务院领导同志指示精神搞好交通运输改革的通知》。1985年3月，交通部在全国交通工作会上就贯彻落实中央和国务院领导同志指示精神作出部署。改革开放初期的放宽搞活，打破了所有制单一、封闭的交通运输经济格局。

3月25日 　《国务院批转交通部关于长江航运体制改革方案的通知》正式印发，要求按照"政企分开，港口、航政和航运分管，统一政令，分级管理"的原则，推进行政管理体制、运输企业体制、港口体制等三大改革。12月29日，交通部批准组建长江航务管理局和成立长江轮船总公司，自1984年1月1日起开始运行。

4月20日 　经国务院批准，交通部印发《中华人民共和国外国籍船舶航行长江水域管理规定》。该规定于1986年、1992年、1997年、2019年修订。

5月5日 　中国民航沈阳管理局第十飞行大队王仪轩机组驾机执行沈阳—上海航班任务，遭机上卓长仁等6名武装暴徒劫持。5月7日，中国民航工作组赴汉城处理劫机事宜。经磋商，旅客与机组人员于5月10日返回中国，被劫客机于15日飞回中国。5月18日，国务院发出嘉奖令，授予王仪轩机组"中国民航英雄机组"称号，授予机长王仪轩"中国民航英雄机长"称号。

5月7日 　巴拿马籍"日本商人"号由长江引航员引进张家港港，标志着长江内河港口正式对外国籍船舶开放，从此，长江引航队伍担起引航外国籍船舶的重任。

图为第一艘进江外籍船"日本商人"号

7月31日　邓小平登上秦皇岛港引水 2 号船甲板平台，沿港区航线视察。

7月　韩（河南禹县韩岗）郸（城）地方铁路全线通车。该线是当时全国最长的一条窄轨（762 毫米）地方铁路。1966 年 10 月开始分段修建。1985 年 12 月改造工程竣工。

9月1日　天山公路（即独库公路，新疆独山子到库车县）通车，全长 563 公里，连接南北疆，是中国公路建设史上的一座丰碑。解放军基建工程兵交通部队克服了常人难以想象的艰难困苦，铸就了"天山精神"。

9月2日　第六届全国人民代表大会常务委员会第二次会议通过《中华人民共和国海上交通安全法》，该法自 1984 年 1 月 1 日起施行。此后于 2016 年进行了修订。

10月28日　根据国务院、中央军委的决定，铁道兵指挥部及其所属单位划归铁道部领导。1984 年 1 月 1 日改称铁道部工程指挥部，1989 年改称中国铁道建筑总公司，隶属铁道部。

12月15日　经国务院批准，广深铁路公司在深圳成立，这是全国铁路运输部门第一个独立的经济实体，实行自主经营、自负盈亏、自我发展的管理体制。

12月20日　（北）京秦（皇岛）铁路全线在抚宁接轨，举行提前铺通祝捷大会。这是中国第一条一次建成的双线电气化铁路。

图为天山公路施工现场（陈邦贤摄）　　图为京秦电气化铁路开通现场场景

一九八四年

1月1日 中共中央发出一号文件，提出大力发展农村水路交通运输，解决商品滞留问题。国营交通运输部门要改善工作，挖掘运输潜力。同时积极发展集体和个体运输业，提倡组织运输合作社。

同日 交通部航道局加入国际航标协会，成为 A 类会员。

2月27日 国务院印发《关于农民个人或联户购置机动车船和拖拉机经营运输业的若干规定》。

3月1日 中国铁路第一条实用化光纤通信线路在北京铁路局并网使用。这也是全国第一个采用无人值守中继方式的实用化光纤通信系统。

5月1日 青（西宁）藏（拉萨）铁路西宁—格尔木段通车，全长 845 公里。该段铁路是计划修建的青藏铁路的一期工程，是中国第一条高原铁路。

5月4日 中共中央、国务院批转《沿海部分城市座谈会纪要》，决定进一步开放天津、上海、大连、秦皇岛、烟台、青岛、连云港、南通、宁波、温州、福州、广州、湛江和北海 14 个沿海港口城市。

5月8日 经国务院批准，上海、宁波、南通和张家港组成上海经济区四港联合委员会，成为中国第一个港口联合体。

5月24日 最高人民法院、交通部印发《关于设立海事法院的通知》，在上海、天津、青岛、大连、广州、武汉 6 个口岸城市设立海事专门法院。海事法院的人员编制、经费、物资装备（包括办公用房、干警宿舍、交通工具等），由交通部有关组建单位负担。1999 年 7 月 1 日，海事法院与交通部及有关所属单位脱钩，正式纳入国家司法体系一管理。

6月1日 按照中共中央、国务院《关于天津港实行体制改革试点的批复》精神，天津港下放天津市政府管理，将由中央政府直接管理的港口领导体制改为由中央和地方政府"双重领导、以地方为主"和"以收抵支，以港养港"的管理体制。此后，交通部根据国务院的决定对中国沿海港口管理体制进行改革。1988 年 1 月 1 日起，除秦皇岛港外，14 个港口分批实行"双重领导、以地方为主"的管理体制。

7月7日 中华人民共和国主席令（第十六号）：根据中华人民共和国第六届全国人民代表大会常务委员会第六次会议 1984 年 7 月 7 日的决定：免去李清的交通部部长职务，任命钱永昌为交通部部长。

8月1日 电子计算机应用于铁路的重大试点工程——京沪铁路运营管理系统总体方案开始实施。

9月18日 国务院印发《关于改革建筑业和基本建设管理体制若干问题的暂行规定》。

9月29日 中共中央、国务院印发《关于帮助贫困地区尽快改变面貌的通知》。11月6日，国家计划委员会印发《关于动用库存粮棉布帮助贫困地区修建道路和水利工程的通知》。这是国家通过"以工代赈"方式加强贫困地区基础设施建设的开端。1994年4月15日，国务院印发《国家八七扶贫攻坚计划》，明确新增的"以工代赈"主要用于公路建设等。

11月1日 邮电部门开办国内特快专递邮件业务。11月21日中国速递服务公司成立。

11月3日 国务院印发《关于改革我国国际海洋运输管理工作的通知》，明确中国远洋运输总公司要办成独立经营的经济实体，不兼行政职能；交通部对一切从事国际海洋运输的船舶（包括在中国注册的中外合营船舶公司）实行归口管理。

11月25日 广（州）珠（海）公路容奇大桥通车。至此，广东省贷款1.5亿港元修建的广珠公路上的四座大桥（三洪奇、细滘、沙口和容奇）全部竣工。这是中国"贷款修路，收费还贷"建设公路的首次尝试。

12月25日 国务院第五十四次常务会议听取交通部关于公路工作的汇报，研究加强公路建设问题。会议确定，公路建设要以经济发达地区为重点，实行从大小经济中心向外辐射，从沿海向内地辐射的方针。会议作出对公路事业发展具有历史意义的三项重大决策：提高养路费征收标准；开征车辆购置附加费；允许贷款或集资修建的高等级公路和大型桥梁隧道收取车辆通行费（即"贷款修路，收费还贷"政策）。

图为20世纪80年代四川省全民修路的场景（图片由《中国公路》杂志社提供）

图为广珠公路容奇大桥通车典礼现场场景（杨赞民 摄）

一九八五年

1月12日　铁道部印发《关于铁路改革的意见》，提出铁路改革的中心环节是围绕推行经济承包责任制，把铁路企业建成相对独立、自主运营、自负盈亏的经济实体，增强企业活力。1986年3月31日，国务院批准铁道部《关于铁道部实行经济承包责任制的方案》。1988年8月20日，柳州铁路局经营广西地方铁路的承包合同在南宁签字生效。这是全国第一份由铁路局承包经营地方铁路的合同。

3月5日　铁道部印发《实行运输承包经济责任制办法》。

3月15日　《人民日报》《中国日报（英文版）》《世界经济发展论坛》同时刊登西（安）三（原）一级公路工程资格预审招标通告，向全世界公开招标。西三一级公路，是国内首次使用世界银行贷款，首家实行国际性公开招标，首次执行国际惯用的"工程监理"制度修建的高等级公路。1990年12月30日，西三一级公路建成通车。

4月2日　国务院印发《车辆购置附加费征收办法》，并决定自5月1日实行。其中确定车辆购置附加费作为国家公路发展基金的一项来源，由交通部按照国家有关规定统一安排使用；4月6日，交通部、财政部、中国工商银行印发《车辆购置附加费征收办法实施细则》。1986年7月，交通部、国家计划委员会、财政部根据国务院的决定，印发《车辆购置附加税费使用管理暂行办法》。2000年，车辆购置附加费被车辆购置税替代。

4月5日　国务院任免通知（〔85〕国任字12号）：国务院1985年4月3日任命胡逸洲为中国民用航空局局长，免去沈图的中国民用航空局局长职务。

同日　中国第一列组合式长大旅客列车由齐齐哈尔始发，开往南京。这趟列车由两列客车合并组成，挂有26节车厢，按定员一次可运送旅客2286人。

6月24日　中国政府批准加入《1979年国际海上搜寻救助公约》，同年7月24日该公约对中国生效。

8月20日　中国海区水上助航标志制度开始改革，此次改革于1986年10月完成。

9月18日　国务院印发《关于口岸开放的若干规定》。

9月30日　国务院印发《关于中外合资建设港口码头优惠待遇的暂行规定》。

10月5日　交通部决定在全国交通战线开展学习交通部劳动模范贝汉廷、全国劳动模范杨怀远先进事迹的活动，进一步加强精神文明建设，培育"四有"职工队伍。

10月9日　李鹏在全国交通工作座谈会上指出，我国发展交通运输事业不能只强调各种运输方式要自成体系，而应该实行综合利用，要通过调整运输结构，建立一个统一的、综合的、合理的全国交通运输网，构成海陆空综合运输体系。

10月14日　中国第一部内河雷达航行参考图——《长江下游航行参考图》通过部级鉴定。

10月22日　国务院印发《港口建设费征收办法》，自1986年1月1日起执行。该办法于2011年2月28日废止。1993年4月30日，交通部、国家计划委员会、财政部、国家物价局印发《关于扩大港口建设费征收范围、提高征收标准及开征水运客货运附加费的通知》，自1993年7月1日起实施。2011年4月25日，根据国务院有关批示精神，财政部、交通部印发新的《港口建设费征收使用管理办法》，自2011年10月1日起施行。

11月12日　国务院正式批准成立招商局集团，该集团由交通部直接领导，并作为交通部派驻香港的代表机构，统管交通部所属驻港企业。

一九八六年

1月1日 经国务院批准，中国船级社正式成立。当月，交通部印发《中国船级社章程》，认定中国船级社是船舶检验局内负责入级检验的机构，负责船舶和海上设施的入级检验与有关的公证检验，与船舶检验局为一个机构两块牌子。

1月30日 国务院、中央军委决定设立国家空中交通管制局，负责全国空中交通管制工作。1987年12月30日，该局撤销。

1月 中共交通部党组印发《关于加强交通战线思想政治工作的决定》。

3月18日 邮电部成立邮政储汇局。4月1日，中国人民银行与邮电部决定在全国正式开办邮政储蓄业务。

3月20日 中国和波兰政府民用航空运输协定在北京签字。李鹏出席签字仪式。

3月 经国务院、中央军委批准，交通部管辖的沿海无线电导航台和无线电指向标正式对外籍船舶开放。

4月12日 第六届全国人民代表大会第四次会议通过的《中华人民共和国国民经济和社会发展第七个五年计划》，把交通运输和通信的发展放到优先地位。

4月25日 国家经济委员会、国家计划委员会、财政部、交通部、铁道部印发《关于发展联合运输若干问题的暂行规定》。

5月9日 山东日照石臼港煤码头通过国家正式验收。该码头是中国第一座10万吨级煤码头。

6月2日 国务院批准将海关征收的船舶吨税划归交通部管理，由海关代交通部征收。2001年1月1日起，船舶吨税作为中央预算收入，全部上缴中央国库，不再作为预算外资金管理。

6月24日—27日 交通部在北京召开全国交通系统物质文明和精神文明建设经验交流会。

7月1日 国务院批准交通部成立珠江航务管理局，以加强对珠江水系航运的统一规划建设和行政管理。

图为河南郑州黄河公路大桥剪彩通车（朱广智 摄）

10月1日　河南郑州黄河公路大桥建成通车，全长5549.9米。该桥是当时中国最长的公路桥。

10月7日　国务院印发《关于改革道路交通管理体制的通知》。从1987年1月开始，公安机关负责对城乡道路交通安全统一管理；交通部现有的交通监理机构，成建制地划归公安部；地方各级交通监理机构，成建制划地归地方各级公安部门。

10月26日　营口港鲅鱼圈煤码头通过国家验收。该码头是中国第一座自卸船专用码头。

10月　交通部确定大连、天津、青岛、上海和广州5个港务监督，开始试行对进入中国领水的外国籍船舶实施港口国监督检查。这标志着中国对外国籍船舶实施港口国监督检查的开始。1990年3月14日，交通部印发《中华人民共和国船舶安全检查规则》，明确对进出本港船舶的港口国安全检查由中国港务监督局授权各港务监督（包括港航监督）实施。

11月　（北）京广（州）铁路复线新建南岭隧道贯通。该隧道穿越南岭山脉，长6061.8米，是国内首次进行特浅埋、软弱围岩施工的复线铁路隧道。1979年9月开工建设，采用了光面爆破、大断面开挖等新技术。

12月2日　第六届全国人民代表大会常务委员会第十八次会议通过《中华人民共和国邮政法》，自1987年1月1日起施行。这是新中国第一部邮政方面的法律。该法于2009年、2012年、2015年修正。

12月7日—8日　李鹏在青岛主持召开港口管理体制改革会议。1987年1月13日，国务院办公厅印发《关于港口管理体制改革的会议纪要》。

12月16日　国务院颁布《中华人民共和国内河交通安全管理条例》，自1987年1月1日起施行。该条例首次从法律上明确港航监督为水上交通安全的行政执法机关，并将"航政"统一改为"港航监督"。该条例于2002年8月1日废止，为2002年6月28日颁布的《中华人民共和国内河交通安全管理条例》所替代。

12月24日　中国民用航空局为哈尔滨飞机制造公司颁发"运12Ⅱ型飞机临时生产许可证"。这是中国政府部门第一次按适航管理要求为飞机生产颁证。

12月25日　中国第一个红外线轴温追踪探测网在大（同）秦（皇岛）铁路建成。

12月29日　交通部、国家经济委员会颁布《公路运输管理暂行条例》。据此，各级交通主管部门开始成立运管机构，对公路运输实施行业管理。

12月31日　国务院办公厅印发《关于采取措施发展内河航运的通知》。

一九八七年

1月30日　国务院批准中国民用航空局《关于民航系统管理体制改革方案和实施步骤的报告》，民航系统开始以"政企分开、简政放权、机场与航空公司分设"为主要内容的管理体制改革。1987年至1992年间，成立民航华北、华东、中南、西南、西北、东北6个管理局；中国国际航空公司、中国东方航空公司、中国南方航空公司、中国西南航空公司、中国西北航空公司、中国北方航空公司6家骨干航空公司；北京首都国际机场、上海虹桥国际机场、广州白云国际机场、成都双流机场、西安西关机场、沈阳桃仙机场6个机场。中国民用航空局作为民航事务的主管部门，行使行政管理职能，不再直接经营航空运输。

2月　交通部、财政部、国家经济委员会、国家计划委员会印发《公路养护费使用管理规定》。

3月16日　国家经济委员会、国家计划委员会、交通部、铁道部印发《关于进一步加强公铁分流工作的通知》。

3月25日　美国联邦最高法院作出裁定，旧中国发行的湖广铁路债券，新中国不予偿还。至此，历时八年之久的湖广铁路债券案最终了结。

5月12日　国务院颁布《中华人民共和国水路运输管理条例》，自10月1日起施行。该条例于2013年1月1日废止，为2012年10月13日新颁布的《国内水路运输管理条例》所替代。

8月22日　国务院颁布《中华人民共和国航道管理条例》，自10月1日起施行。该条例于2008年12月27日修订，新修订的条例自2009年1月1日起施行。

9月8日　国务院批准长江港口管理体制改革方案。该方案确定将长江干线港口管理权全部下放，实行交通部与地方政府双重领导、以地方领导为主的管理体制。长江航务管理局仍由交通部直接领导。至1991年3月29日，长江干线25个港口下放工作全部完成。

9月30日　山东东营胜利黄河大桥建成通车，全长2817.5米，主跨288米。该桥是中国大陆首座大跨径钢斜拉桥。

10月13日　国务院颁布《中华人民共和国公路管理条例》，该条例自1988年1月1日起施行，后于2008年12月27日修订。2011年3月7日，国务院颁布《公路安全保护条例》，自7月1日起施行，《中华人民共和国公路管理条例》同时废止。

图为邓小平为中国国际航空公司题名手迹（图片由中国民用航空局档案馆提供）

10月15日 邓小平为"中国国际航空公司"题名。该公司是中国唯一飞机喷带国旗的公司。

10月20日 沈阳—抚顺输油管道建成投产。该管道是第一条输送高凝油的原油管道，也是国家"七五"重点工程。该管道的建成投产标志着中国开发建设此类油田配套工艺技术的成功。

12月21日 国务院办公厅批复中国民用航空局与福建省人民政府《关于改变厦门国际机场管理体制的请示》，同意该机场下放厦门市人民政府管理。这是中国第一个下放地方政府管理的机场。

一九八八年

1月5日　交通部、财政部、国家物价局印发《贷款修建高等级公路和大型公路桥梁、隧道收取车辆通行费规定》，自2月1日起执行。

3月21日　交通部印发《汽车危险货物运输规则》。这是新中国成立以来第一部独立的汽车危险货物运输规则。

4月9日　第七届全国人民代表大会第一次会议通过《国务院机构改革方案》。作为国家机关机构改革的试点单位，交通部进行机构改革，撤销海洋运输管理局、内河运输管理局、公路局、基本建设局4个专业局，设立运输管理司、工程管理司、政策法规司和外事司。

4月12日　中华人民共和国主席令（第二号）：根据中华人民共和国第七届全国人民代表大会第一次会议的决定：任命钱永昌为交通部部长。

5月19日　国务院批准监察部在交通部设立监察局。该局受监察部和交通部双重领导，监察业务以监察部领导为主。

5月31日　中国船级社加入国际船级社协会，成为该协会的第10个正式会员。

6月15日　广东中山与江门间跨越西江的外海大桥建成通车。这是新中国首座由境外机构设计、境外公司承包施工建成的大桥。

6月19日　经国务院批准，国家交通投资公司成立。

8月28日　广东番禺洛溪大桥建成通车，全长1916.04米，双向四车道，主跨180米。这是中国第一座预应力混凝土连续刚构桥。

10月1日　中（国）巴（基斯坦）公路国内段全线竣工通车，全长415公里。

图为中巴公路国内段改建通车庆典场景（陈邦贤摄）

12月16日 （北）京广（州）铁路衡阳—广州段复线通车。该复线全长526公里，于1978年开工建设，1988年11月26日建成。

12月28日 重庆嘉陵江石门大桥建成通车。该桥主跨230米，是中国首座大跨径独塔单索面斜拉桥。

一九八九年

1月14日　中国自行设计建造的第一艘万吨级海洋教学实习船——"育龙"号建成并交付使用。

2月12日　国务院颁布《石油、天然气管道保护条例》，自1989年3月12日起施行。该条例于2001年8月2日废止，为2001年7月26日国务院第四十三次常务会议通过的《石油天然气管道保护条例》所替代。

2月27日　交通部在全国交通工作会议上提出，从"八五"开始，用几个五年计划的时间，在发展以综合运输体系为主轴的交通业总方针指导下，统筹规划，条块结合，分层负责，建设公路主骨架、水运主通道、港站主枢纽。在1990年2月召开的全国交通工作会议上，交通部又提出建设公路主骨架、水运主通道、港站主枢纽和支持系统（"三主一支持"）的长远规划。

3月20日　李鹏在第七届全国人民代表大会第二次会议通过的《政府工作报告》中指出，交通运输的紧张状况，已经成为当前经济和社会生活中的突出问题，必须把发展交通运输放在更为重要的地位。

4月25日　长江水系基础数据库正式投入使用。该数据库为中国内河最大的港口基础数据库。

图为"育龙"号

6月9日 邓小平在接见首都戒严部队军以上干部时表示赞成加强基础工业和农业。基础工业，无非是原材料工业、交通、能源等，要加强这方面的投资，要坚持十到二十年，宁肯欠债，也要加强。这也是开放，在这方面，胆子要大一些，不会有大的失误。多搞一点电，多搞一点铁路、公路、航运，能办很多事情。

7月17日—21日 交通部在辽宁沈阳召开全国高等级公路建设经验交流现场会。会议第一次明确了中国必须发展高速公路，并提出建设高等级公路的政策措施。邹家华在会上指出，高速公路建设不是需不需要的问题，而是必须要发展。并指出，高等级公路建设要从今后30年发展的眼光来做工作，不能搞短期行为，一定要坚持技术标准。

7月21日 江泽民视察葛洲坝工程、三峡大坝坝址。

7月22日 中国、苏联两国铁路建设代表团就中国北疆铁路与苏联铁路接轨问题达成协议，并在乌鲁木齐签字。协议内容包括两国铁路接轨地点及铁路边境通道客货运量等。

8月15日 国务院颁布《铁路运输安全保护条例》，自发布之日起施行。该条例于2005年4月1日废止，为2004年12月27日国务院颁布的新版《铁路运输安全保护条例》所替代。

8月25日 中国第一列国产25.5米新型空调客车在长沙—广州间正式投入运营。该客车比普通客车长2米，每列可多载100多人，由四方机车车辆工厂、长春客车工厂、浦镇车辆工厂等单位联合试制。

8月26日 交通部印发《公路工程施工招标投标管理办法》。这是公路行业第一部招标投标部门规章。

9月19日 中国铁路第一列万吨运煤重载试验列车由大（同）秦（皇岛）线湖东站开出，直驶秦皇岛。

图为中国铁路第一列万吨运煤重载试验列车行驶中（图片由中国国家铁路集团有限公司档案史志中心提供）

9月27日 中国第一艘35万吨级浅吃水肥大型运煤船"华蓉山"号投入运营。

10月9日—20日 在国际海事组织第十六届大会上，中国被选为A类理事国，并保持至今。

10月18日 经交通部批准，中国公路建设总公司成立。

10月28日 中国民航建立的计算机旅客订座系统正式启用。

11月18日 "武胜"号海轮在香港某船厂修理时，因厂方工人操作不慎，引燃棉纱，造成火灾。船员严力宾临危不惧，奋勇救火，不幸光荣牺牲。1990年4月5日，交通部授予青岛远洋运输公司船员严力宾同志"雷锋式优秀船员"称号。随后，江泽民等中央领导同志为严力宾题词。

12月11日 交通部印发《超限运输车辆行驶公路管理规定》。

12月28日 郑州北编组站现代化工程建成。该工程于1986年9月开工建设。郑州北编组站是当时全国铁路规模最大的编组站，也是第一个实现综合自动化的大型路网性编组站。

一九九〇年

2月23日　中国政府批准加入《1969年国际干预公海油污事故公约》和《1973年干预公海非油类物质污染议定书》，自5月24日起生效。

3月3日　经国务院批准，交通部颁布施行《中华人民共和国海上交通事故调查处理条例》。

3月16日　杭州三堡码头竣工。该码头是中国第一座部分利用外资建设的地方内河码头。

5月　漯（河）阜（阳）铁路全线铺通，全长206公里。该线是中国第一条跨省准轨地方铁路。1973年9月开始修建漯河至周口段，以后逐段延伸。

6月19日—23日　交通部在辽宁大连召开全国公路养护与管理工作会议。会议提出要制定正确的公路养护与管理工作方针，大力推行公路标准化、美化（GBM）工程，实施标准化管理。1991年2月21日，交通部印发《国、省干线GBM工程实施标准》。

9月1日　沈（阳）大（连）高速公路全线通车，全长375公里。该路于1984年6月开工建设，是中国大陆兴建最早的高速公路，也是当时中国最长的高速公路，被誉为"神州第一路"。到2018年底，全国高速公路通车里程突破14万公里。

图为1986年沈大高速公路沈阳至鞍山段通车典礼现场（陈邦贤摄）

同日　北疆铁路（乌鲁木齐—阿拉山口）全线通车，全长457.7公里。这是新疆北部地区的东西向主要干线，与兰新、陇海两大干线相连，构成东起连云港、西至阿拉山口的东西大动脉，成为沟通亚欧两大洲第二座大陆桥的组成部分。该线于1985年5月1日开工建设。

9月7日　第七届全国人民代表大会常务委员会第十五次会议通过《中华人民共和国铁路法》，自1991年5月1日起施行。该法于2009年、2015年修正。

9月29日　中国自行设计建造的当时国内最大的无人看守灯船在琼州海峡布设成功。

11月11日　国内首次研制成功的船舶通航电子模拟器实验系统通过部级鉴定。

12月5日　国务院颁布实施《中华人民共和国海上国际集装箱运输管理规定》。这是中国颁布的第一个有关集装箱运输的国家法规。

12月14日　交通部在拉萨举行命名青藏公路109道班（即"唐古拉道班"）为"天下第一道班"大会。

12月24日　交通部召开全国公路系统"十佳养护道班""十佳养路工"表彰大会。

图为"天下第一道班"石碑（杨佩永 摄）

一九九一年

2月26日　国务院关于蒋祝平、胡逸洲职务任免的通知（国任字〔1991〕13号）：国务院1991年2月25日决定，任命蒋祝平为中国民用航空局局长，免去胡逸洲的中国民用航空局局长职务。

3月1日　经国务院批准，设立铁路建设基金，按铁路货运吨公里征收。

3月2日　中华人民共和国主席令（第四十二号）：根据中华人民共和国第七届全国人民代表大会常务委员会第十八次会议1991年3月2日的决定：免去钱永昌的交通部部长职务；任命黄镇东为交通部部长。

4月21日　全国首次开行全列卧铺车。该车为北京—沈阳的53／54次特快直达旅客列车，沿途各站不办理乘降。

6月3日　北京国际海事卫星地面站开通。

6月6日　国家计划委员会正式批准铁路"八五"科技攻关国家级重要项目。其中铁路运营管理系统研究、高速铁路运输新技术研究和重载运输技术发展的研究列为重中之重。

7月27日　中国国际航空公司、首都国际机场、东方航空公司等17家民航直属企业，分别同中国民用航空局签订承包经营责任书。民航直属全民所有制企业全面实行承包经营责任制。

11月19日　上海南浦大桥建成通车，邓小平题写桥名，李鹏为大桥建成剪彩。

同日　江泽民视察芜湖港外贸码头并题词："发挥沿江港口优势，深入改革开放，发展芜湖经济。"

11月24日　中国第一座具有全天候助航效能的大型灯浮标抛设长江口。

12月1日　交通部印发《公路工程国际招标文件范本》。这是公路行业第一个招标文件范本。

12月26日　西（安）延（安）铁路铺轨到达延安，结束了革命圣地延安无铁路的历史。该铁路全长315公里，于1973年1月开工建设。

一九九二年

1月28日　中国民用航空局、财政部、国家物价局印发《关于征收民航机场管理建设费的通知》。

4月1日　哈尔滨—郑州—广州线开始运行集装箱快运直达列车。这是中国铁路第一条集装箱快运运行线。

4月11日　进行劳动工资制度综合改革试点的全国百家企业之一的济南铁路局与青岛铁路分局签订第一份劳动合同。这是在全国铁路系统中率先推行的全员劳动合同制改革，揭开了铁路系统劳动工资制度综合改革的序幕。

5月1日　李鹏视察宁波港北仑港区，并为该港题词："洋洋东方大港，改革开放前哨。"

6月28日　四川省人民政府和铁道部在成都召开成渝铁路通车40周年庆祝大会。江泽民为大会题词："人民铁路人民建，人民铁路为人民。"李鹏为大会题词："四化建设，铁路先行。"

7月25日　交通部印发《关于深化改革、扩大开放、加快交通发展的若干意见》，明确提出公路、水路运输计划体制，运输管理方式，国内资金筹集方式，外资渠道，企业经营机制，交通运输保障，以及交通科技、教育体制七方面改革开放措施，以缓解交通运输对经济发展的制约状况。

8月11日　国务院批转国家计划委员会、铁道部《关于发展中央和地方合资建设铁路的意见》。意见明确合资建设铁路要贯彻统筹规划、条块结合、分层负责、联合建设的方针，由投资各方按投资比例共担风险，分享利益；合资铁路要自主经营、自负盈亏、自偿本息和自我积累；由铁道部进行行业管理；实行特殊运价。国务院批转件指出，合资铁路是对传统的铁路建设和管理体制的一大突破，是深化铁路改革的一条新路，要积极发展。

8月26日　铁道部委托中国人民建设银行代发总额为20亿元铁路投资债券的签字仪式在北京人民大会堂举行。这是新中国第一次发行铁路投资债券。

11月7日　第七届全国人民代表大会常务委员会第二十八次会议审议通过《中华人民共和国海商法》，自1993年7月1日起施行。

同日　株洲车辆厂研制生产的300辆C_{5D}轴敞车全部投入运营。这是中国铁路重载运输技术的重大突破。

图为大秦铁路运输场景（贲兰武摄）

11月12日　李鹏乘"巴山"轮考察三峡，并题词"发展长江航运，服务三峡建设"。

12月21日　大（同）秦（皇岛）铁路全线建成通车，全长653公里，于1985年1月开工建设。该铁路是中国第一条重载单元双线电气化运煤专用铁路，也是中国"西煤东运"大通道战略路线。

12月25日　国家计划委员会、国家经济体制改革委员会、国务院经济贸易办公室同意中国远洋运输总公司更名为中国远洋运输（集团）总公司，并以其为核心企业，以其所属的全资子公司和中国外轮代理总公司、中国船舶燃料供应总公司、中国汽车运输总公司等为紧密层企业，组建中国远洋运输集团，成为我国最大的国际海洋运输集团。1993年2月16日，中国远洋运输集团正式成立，并获准从1994年1月1日起实行国家计划单列。江泽民、李鹏分别为集团成立题词。江泽民的题词是："发展远洋航运事业，促进国际经贸交流。"李鹏的题词是："坚持改革开放，发展海运事业。"

12月29日　国家计划委员会、国家经济体制改革委员会、国务院经济贸易办公室同意以中国长江轮船总公司为核心企业，以其全资和控股的企事业单位、运输企业、工业企业等为紧密层企业，组建中国长江航运集团。该集团是中国最大的内河航运集团。1993年3月6日，中国长江航运集团正式成立。

12月　兰（州）新（乌鲁木齐）铁路同哈萨克斯坦铁路接通并开办国际联运，从而形成新的连接东亚、中亚和欧洲的"新亚欧大陆桥"。该线路东起中国连云港西至荷兰鹿特丹，全程1.08万公里，辐射亚欧30多个国家和地区。

一九九三年

1月8日　交通部、国家经济体制改革委员会、国务院经济贸易办公室印发《全民所有制交通企业转换经营机制实施办法》。公路运输企业开始实行承包经营责任制。

1月27日　铁道部印发《关于铁路工业产品价格改革的通知》，明确铁路工业产品价格实行"分步改革、加快步伐"的方针，在全面放开价格前的过渡阶段，从1993年起逐步变国家（部）定价为国家（部）指导价，同时增加放开价格的种类，供路外产品价格由企业自行确定。

2月8日　广州铁路集团正式成立。李鹏题词："振兴经济，铁路先行"。这是中国铁路运输业第一个企业集团，标志着中国铁路运输业开始了公司化、集团化经营改革的新探索。

2月14日　国务院颁布《中华人民共和国船舶和海上设施检验条例》，自1993年2月14日起施行。该条例于2019年3月2日修订。

3月28日　平（湖）南（头）铁路建成通车，全长50.2公里，结束了深圳港不通铁路的历史。该铁路是新中国第一条中外企业合资修建、完全按照股份制方式经营和管理的铁路，于1991年9月28日开工建设。

3月29日　中华人民共和国主席令（第二号）：根据中华人民共和国第八届全国人民代表大会第一次会议的决定：任命黄镇东为交通部部长。

4月19日　根据国务院《关于国务院机构设置的通知》，中国民用航空局改称中国民用航空总局，属国务院直属机构。同年12月20日，国务院决定，中国民用航空总局的机构规格由副部级调整为正部级。

6月18日—23日　全国公路建设工作会议在山东济南召开。邹家华出席会议并讲话。会议强调加快公路建设步伐，明确了率先建成"五纵七横"国道主干线中的"两纵两横和三个重要路段"。这次会议极大地推动了中国高等级公路特别是高速公路建设进程。

6月21日　交通部印发《出租汽车客运服务规范（试行）》。

9月1日　中国铁路开始办理全国联网的铁路包裹特快运输业务。

图为首都机场高速公路天竺收费站（图片由北京首都机场高速公路发展有限公司提供）

9月14日　李鹏出席首都机场高速公路通车典礼，为通车剪彩。该高速公路被誉为"国门第一路"。

9月15日　上海杨浦大桥通车，该桥总长7658米，主桥长1176米，宽30.35米，为双塔空间双索面钢-混凝土结合梁斜拉桥，主跨602米，为当时全国最大跨径的斜拉桥，在当时世界同类桥梁中排名第一。1993年7月24日，邓小平为即将建成通车的上海黄浦江杨浦大桥题写了桥名。

9月25日　（北）京（天）津塘（沽）高速公路全线通车，全长142.69公里。该路是"七五"跨"八五"期间国家重点建设项目，为中国国内第一条利用世界银行贷款建设的跨省市高速公路项目，也是中国首条采用国际通行的菲迪克条款进行国际招标建设的高速公路。1984年1月7日，国务院正式批准修建京津塘汽车专用公路工程，同年10月改为高速公路。1985年3月21日，李鹏在天津主持召开会议，研究京津塘高速公路建设等问题。1986年7月21日，国务院批准修建京津塘高速公路。1987年10月23日，土建工程承包合同签字仪式在北京举行，李鹏出席签字仪式。1987年12月10日正式动工。1990年9月12日，北京—天津杨村段主体工程通车，为第十一届北京亚运会的举办提供了交通便利。

10月11日　李鹏与以色列总理拉宾在北京签署《航空运输协定》。

10月30日　山东东明黄河公路大桥建成通车，全长4142米。该桥是国内首座刚构-连续组合体系的桥梁，于1991年10月开工建设。

12月22日　国务院关于陈光毅等六人任职的通知（国人字〔1993〕166号）：国务院1993年12月21日决定，任命陈光毅为中国民用航空总局局长，蒋祝平改任中国民用航空总局副局长。

12月28日　广州珠江水下隧道建成。该隧道是中国大陆首次采用沉管法设计施工的大型水下公路隧道，于1990年10月开工建设。

一九九四年

1月20日　国务院办公厅印发《铁道部职能配置、内设机构和人员编制方案》，明确铁道部兼负政府和企业双重职能，担负全国铁路行业管理和国家铁路的部门管理、部分社会事务管理及全路性运输企业管理等多项职能。2月9日，国务院办公厅印发《邮电部职能配置、内设机构和人员编制方案》，进一步推进政企职责分开，将邮政总局从机关行政序列中分离出来，改为单独核算的企业局，统一经营全国公用邮政通信网和邮政基本业务，并承担邮政普遍服务的义务。2月25日，国务院办公厅印发《交通部职能配置、内设机构和人员编制方案》，进一步推进从直接管理到间接管理、从部门管理到行业管理的职能转变。6月23日，国务院办公厅印发《中国民用航空总局职能配置、内设机构和人员编制方案》，明确民航总局是国务院主管全国民航事务的职能部门，对全国民航业实施行业管理。

2月1日　湖北郧阳汉江公路大桥通车。该桥是中国第一座地锚式大跨度预应力混凝土斜拉桥。

3月5日　第八届全国人民代表大会第六次会议通过《关于中国加入〈统一船舶碰撞某些法律规定的国际公约〉的决定》。该公约于11月18日对中国生效。

同日　第八届全国人民代表大会第六次会议通过《关于中国加入〈1974年海上运输旅客及其行李雅典公约〉及其1976年议定书的决定》。该公约于8月30日对中国生效。

3月9日　中国船级社获得国际船级社协会颁发的质量体系合格证书，成为国内第一家通过国际认证的检验机构。

3月31日　中国加入《1989年国际救助公约》，自1996年7月14日对中国生效。

6月2日　国务院颁布《中华人民共和国船舶登记条例》，自1995年1月1日起施行。

8月13日　交通部、公安部在北京联合召开电话会议，贯彻《国务院关于禁止在公路上乱设站卡乱罚款乱收费的通知》，治理公路"三乱"。

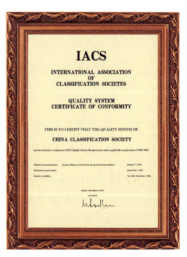

图为中国船级社获得国际船级社协会颁发的质量体系合格证书（图片由中国船级社提供）

8月27日　交通部救捞系统以"中国救捞公司"的名义正式加入"国际救助联合会"。

9月12日　上海港吴淞船舶交通管理系统一期工程开始运行，标志着当时中国规模最大、功能最强、具有世界先进水平的船舶交通管理系统正式投入使用。

9月16日　兰（州）新（乌鲁木齐）铁路复线全线铺通。该工程从武威至乌鲁木齐，总长1622公里，1992年9月开工建设，1995年6月30日全线开通运营。

10月8日　成（都）渝（重庆）高速公路重庆段及中梁山隧道正式通车。中梁山隧道左右洞分别长3165米和3103米，是当时中国建成的最长公路隧道。该隧道于1990年6月5日开工建设。

11月　交通部启动全国内河航道技术等级评定工作。1998年10月30日，交通部、水利部、国家经济贸易委员会印发《关于内河航道技术等级的批复》。2000年底，历时5年的全国内河航道定级工作全面完成。

12月22日　广（州）深（圳）准高速铁路建成通车，全长147公里。该工程于1991年12月8日开工建设，是中国高速铁路试验线。1998年5月28日，广深电气化铁路改造工程竣工，成为中国第一条时速可达200公里的电气化铁路。

一九九五年

1月14日 海峡两岸航运交流协会在北京成立。

2月7日 铁道部印发《关于运输企业建立自主经营机制若干问题的意见》。

3月21日 国务院印发《国际航行船舶进出中华人民共和国口岸检查办法》，终止新中国成立以来实行40多年的联合登船检查的做法，开始与国际惯例接轨。

3月25日 交通部决定将广州海运（集团）公司、中国远洋运输集团、中国长江航运集团等单位作为部属及双重领导企业建立现代企业制度试点单位。

4月5日 李鹏在听取国家计划委员会、铁道部和交通部关于"九五"计划和2010年远景目标汇报后指出，在"九五"和未来15年，交通运输事业必须有一个大的发展。交通的发展应该以铁路为骨干，公路为基础，充分利用内河、沿海和远洋运输的资源，积极发展航空事业，形成各具不同功能、远近结合、四通八达、全国统一的综合交通运输网络体系。上海组合港方案要尽快定下来。利用宁波港的方案是比较现实的。解决长江口拦门沙，提高长江口航道大型海轮的通过能力，是一个很好的方案，但同时又是一个工程浩大、有一定风险的方案，要继续认真论证。

5月11日 中国第一列载人磁悬浮列车在国防科技大学研制成功。中国成为继德、日、英、苏、韩之后，第六个掌握磁悬浮列车技术的国家。

5月17日 山东寿光—北京的"绿色通道"开通，全长500公里。该通道是全国第一条"绿色通道"。

6月18日 武汉长江二桥通车，主跨400米。该桥是长江上第一座双塔双索面钢筋混凝土斜拉桥。

8月 中国东方航空公司第一批7名日籍乘务员到岗。这是中国民航首次聘用外籍乘务员。

10月9日—13日 交通部在江苏南京、浙江杭州召开全国内河航运建设工作会议。会议确定全国水运主通道总体布局规划及内河航运"九五"计划建设重点。邹家华出席并讲话，明确提出在交通运输方面要加快综合运输体系的建设，充分发挥包括水运在内的各种运输方式的优势。

10 月 28 日　南海木栏头灯塔正式发光投入使用。该灯塔是当时亚洲最高的灯塔，塔高 72.1 米，射程为 25 海里。

10 月 30 日　第八届全国人民代表大会常务委员会第十六次会议通过《中华人民共和国民用航空法》，自 1996 年 3 月 1 日起施行。这是新中国成立以来第一部规范民用航空活动的法律。该法于 2009 年、2015 年、2016 年、2017 年、2018 年修正。

11 月 1 日　交通部在北京召开全国交通科学技术大会，通过《公路、水运交通科技发展"九五"计划和到 2010 年长期规划》。

11 月 11 日　宜（昌）黄（石）高速公路全线通车，李鹏出席通车仪式。该公路全长 350 公里，于 1987 年开工建设。

12 月 3 日　国务院颁布《中华人民共和国航标条例》。这是中国第一部航标法规。

12 月 16 日　湖北黄石长江公路大桥建成通车，全长 2580 米，为主孔跨径 245 米的连续刚构桥。其主跨居当时亚洲第一、世界第二。

12 月 25 日　交通部印发《交通部救助打捞局体制改革实施方案》，决定对交通部海上救助打捞局所属的烟台、上海、广州海上救助打捞局及华德海洋工程有限公司、中国海洋工程服务有限公司实行统一领导和管理。

12 月 28 日　广东汕头海湾大桥建成通车。该桥是中国第一座大跨径跨海悬索桥。江泽民参加了通车典礼。

一九九六年

1月1日　崖城 13-1 气田—香港海底管道建成投产。该海底管道长 778 公里，直径为 28 英寸，总长度为当时世界第二、中国第一。

1月16日　李鹏在上海主持召开上海市、江苏省、浙江省人民政府和国务院有关部门主要负责人参加的会议，专题研究建设上海国际航运中心问题，并指出，把上海建成国际航运中心是开发开放浦东、使上海成为国际经济、金融、贸易中心之一的重要条件，对我国对外开放，对长江经济带的经济发展意义重大。

1月21日　北京西站正式开通运营。江泽民为北京西站题写站名。该站是当时国内铁路建设史上规模最大、功能最齐全、现代化程度最高的特大型客运站。

3月5日　陕西靖边至北京输气管道工程（陕京一线）正式开工，该线全长 860 公里。该线是气化北京的国家重点工程，年供气能力为 11 亿—20 亿立方米。1997 年 9 月 10 日，陕京输气管道工程投产典礼在北京举行。邹家华、吴邦国为陕京输气工程投产点火。该管线是中国陆上当时距离最长、管径最大、所经地区地质条件最为复杂、自动化程度最高的天然气输送管线。

图为崖城 13-1 气田—香港海底管道（图片由国家能源局提供）

图为陕京输气管道黄土高原施工现场场景（图片由国家能源局提供）

4月19日 交通部印发《水运工程标准体系表》。这是水运工程建设标准领域的第一部标准体系表。该表于2001年、2007年、2018年修订。

5月14日 广深铁路股份有限公司在中国香港和美国同时上市，标志着中国铁路开始进入国际资本市场。

6月7日 中国远洋运输（集团）公司大远航运公司所属的"中原"号客滚运输船首航大连—上海航线，开创了中国沿海长距离客滚运输的先例。

6月25日 山西太（原）旧（关）高速公路全线通车，全长144公里。这是中国在山岭重丘区建设的第一条高速公路。江泽民题写"太旧高速公路"路名。李鹏题词："群策群力建设高速公路，如虎添翼振兴山西经济。"

7月11日 交通部印发《公路建设市场管理办法》。这是公路建设领域第一部规范公路建设管理程序和公路建设有关各方义务、责任的管理办法。

7月18日 第二十二届万国邮政联盟大会中国组委会和中国1999年世界集邮展览组委会在北京成立。江泽民任组委会名誉主席，并为本届邮联大会题词："发展现代化邮政，满足社会需要。"

7月23日—27日 长江干线武汉—监利段实行防汛禁航。这是长江航运历史上的第一次长距离禁航。1998年7月26日，长江干线小池口—松滋段通航水域实行防汛禁航，历时43天8小时。其时间之长、范围之广，在长江航运史上前所未有。

左图为1995年，著名表演艺术家郭兰英到太旧建设工地慰问演出。右图为太旧高速公路路基施工现场（乔宏岩摄）

8月10日　湖北西陵长江大桥竣工通车，主跨900米，为钢箱梁悬索桥，主跨居当时国内第一、世界第七。该桥是三峡水利枢纽前期准备工程关键项目之一，专为特种施工车辆通过设计建设。

8月15日　广东省高速公路发展股份有限公司向境外发行1.35亿股B股在深圳证券交易所上市。该公司成为中国第一家上市的公路建设企业，其股票也被称为"中国公路第一股"。

8月19日　交通部印发《台湾海峡两岸间航运管理办法》，自1996年8月20日起施行。10月31日，按照"一个中国、双向直航、互惠互利"的原则，交通部印发《关于实施〈台湾海峡两岸间航运管理办法〉有关问题的通知》。

9月1日　（北）京九（龙）铁路通车运营。该铁路正线全长2398公里，1993年5月全线开工，1995年11月16日全线铺通，是京沪、京广两大干线之间纵贯南北的一条长大干线，也是中国铁路建设史上一次建成里程最长的铁路干线。1997年5月18日，京九直通旅客列车开行庆典在北京西站举行。

图为京九铁路在赣、粤交界的定河桥头接轨贯通现场场景（图片由中国国家铁路集团有限公司档案史志中心提供）

10月9日　交通部印发《公路经营权有偿转让管理办法》。这是国内最早针对公路经营权有偿转让问题制定的文件。2008年8月21日，交通运输部、国家发展和改革委员会、财政部印发《收费公路权益转让办法》，自10月1日起施行，《公路经营权有偿转让管理办法》同时废止。

10月10日　中共十四届六中全会审议通过《关于加强社会主义精神文明建设若干重要问题的决议》。此后，遵循中央精神，全国交通运输系统广泛开展"三学一创"等群众性创建活动。

10月22日　中国邮政航空有限责任公司成立，于1997年2月27日投入运营，开始邮政自办航空运输业务。

10月28日　国家经济贸易委员会批准成立中国海运集团、中国港湾建设集团和中国公路桥梁建设集团。此后，交通部所属企业按照中共中央、国务院关于建立现代企业制度的要求，实行独立法人规模经营。经重组整合，组建招商局集团、中远集团、中国海运集团、长航集团、中国港湾集团、中国路桥集团等六大企业集团，为以后政企分开的改革奠定了基础。

11月28日　经国务院批准，上海航运交易所成立。1998年4月16日，上海航运交易所首次发布中国出口集装箱运价指数。

12月2日　交通部转发《国务院关于固定资产投资项目试行资本金制度的通知》，部署落实固定资产投资项目试行资本金制度工作。

一九九七年

1月9日　江泽民、李鹏在中南海怀仁堂接见参加全国民航工作会议的代表并讲话。

2月4日　中国东方航空股份有限公司股票在美国纽约交易所上市，2月5日在中国香港联合交易所上市。这是中国在海外上市的第一家民航企业。

3月14日　交通部、铁道部印发《国际集装箱多式联运管理规则》。

3月18日　南（宁）昆（明）铁路全新铺通庆祝大会在百色市火车站举行。李鹏出席庆祝大会并讲话。该铁路全长896公里，于1990年12月开工建设。

4月1日　全国铁路开始实施第一次大面积提速，提速列车最高时速为140公里。此后，分别于1998年、2000年、2001年、2004年、2007年进行了5次大面积提速，最高时速达250公里。

图为天津铁路分局职工更换提速道岔（杨宝坤摄）

4 月 19 日　厦门轮船总公司"盛达"轮和福建外贸中心船务公司"华荣"轮,分别由厦门港和福州港首次成功直航台湾高雄港,宣告两岸试点直航正式启动。

6 月 9 日　广东虎门大桥建成通车。大桥全长 4.61 公里,主航道桥为跨径 888 米的悬索桥;辅航道桥为三跨预应力混凝土连续刚构箱型梁,主跨 270 米,刷新了当时连续刚构桥主跨的世界纪录。该桥于 1992 年 10 月 28 日动工建设。

7 月 3 日　第八届全国人民代表大会常务委员会第二十六次会议审议通过《中华人民共和国公路法》,自 1998 年 1 月 1 日起施行。该法于 1999 年、2004 年、2009 年、2016 年、2017 年修正。

9 月 8 日—11 月 15 日　交通部组织对全国干线公路养护与管理工作进行大检查。这是新中国成立后首次组织开展全国性干线公路检查。

9 月 24 日　李鹏与哈萨克斯坦共和国总统纳扎尔巴耶夫在阿拉木图共同见证中国与哈萨克斯坦共和国签订《关于油田开发和管道建设项目的总协议》。

9 月 29 日　经国务院批准,上海组合港正式成立。

一九九八年

1月14日　交通部在全国交通工作会议上提出了社会主义初级阶段交通发展战略，指出从根本上改变中国交通运输的落后状况和被动局面，大致需要经历三个发展阶段：第一阶段，从"瓶颈"制约、全面紧张走向"两个明显"（即交通运输紧张状况明显缓解，对国民经济的制约状况明显改善），这个目标到21世纪初可以实现。第二阶段，从"两个明显"到基本适应，这个目标到2020年左右实现。第三阶段，从基本适应到基本实现现代化，这个目标到21世纪中叶即新中国成立100周年达到。2002年8月1日，交通部印发《公路水路交通发展战略》，明确公路、水路交通发展的方向和战略方针，并选择以整体协调推进作为基本战略模式实现三个阶段战略目标。

1月27日　经国务院批准，长江口深水航道治理一期工程开工。长江口深水航道治理工程是中国水运史上最大的工程之一，共分为三期。一期工程于2000年3月实现了8.5米目标水深并试通航，2002年9月竣工；二期工程2002年4月开工，2005年3月实现10米水深航道全面贯通，2005年11月竣工；三期工程2006年9月开工，2010年3月实现12.5米水深航道全面贯通，2011年5月竣工。

2月15日—19日　全国内河航运建设现场会议在江苏、广西召开。邹家华出席会议并讲话，指出加快交通基础设施建设，包括内河航运建设，进一步改善交通运输状况，是保持国民经济持续快速健康发展必不可少的条件。会议确定山区河流的梯级开发，渠化航道，以电养航的方针政策，树立了苏南运河为样板的航道建设和管理典型。

2月26日　长江三峡工程通航管理局成立。两坝（三峡大坝与葛洲坝）开始实行联合调度。

3月18日　中华人民共和国主席令（第二号）：根据中华人民共和国第九届全国人民代表大会第一次会议的决定：任命黄镇东为交通部部长。

同日　广州至北京、沈阳行包快运专列开行。这是全国铁路第一列行包快运专列。

图为长江口深水航道治理工程施工现场

3月28日—29日　铁道部召开加快铁路建设动员大会，贯彻中共中央、国务院关于"扩大内需，加快基础设施建设，拉动国民经济发展"的重大决策，作出"决战西南，强攻煤运，建设高速，扩展路网，突破七万"的总体部署；提出"快速度、有秩序、高效益"的总体要求，制订1998—2002年五年投资2450亿元的铁路建设计划，动员全路职工迅速掀起铁路建设新高潮。

4月6日　国务院国人字〔1998〕54号：国务院1998年4月5日决定，任命刘立清为国家邮政局局长。

4月15日—16日　江泽民乘坐"神州"轮视察三峡工程。

4月28日　国家邮政局挂牌。根据第九届全国人民代表大会第一次会议通过的国务院机构改革方案，不再保留邮电部，成立国家邮政局。国家邮政局既是行政机构又是公用企业，原邮电部管理全国邮政行业以及全国邮政企业的职能由国家邮政局承担。

6月18日　国务院办公厅印发《交通部职能配置、内设机构和人员编制规定》。同日，国务院办公厅印发《中国民用航空总局职能配置、内设机构和人员编制规定》。24日，国务院办公厅印发《铁道部职能配置、内设机构和人员编制规定》。26日，国务院办公厅印发《国家邮政局职能配置、内设机构和人员编制规定》。据此，各部门机关实施机构改革。

同日　国务院决定中华人民共和国船舶检验局（交通部船舶检验局）与中国船级社实行"局社、政事分开"，同中华人民共和国港务监督局（交通部安全监督局）合并组建中华人民共和国海事局（交通部海事局），为交通部直属机构，实行垂直管理体制。

6月20日—23日　交通部在福州召开全国加快公路建设工作会议。会议明确将1998年的公路建设投资规模由原来的1200亿元调整至1600亿元，正式开放国内银行贷款进入公路建设领域，开启了加快公路建设特别是高速公路建设的新局面，从此，公路事业步入发展的快车道。本次会议与1989年沈阳会议、1993年济南会议一起成为中国高速公路发展史上具有里程碑意义的三次重要会议。

6月25日　国务院关于刘剑锋、陈光毅职务任免的通知（国人字〔1998〕138号）：国务院1998年6月25日决定，任命刘剑锋为中国民用航空总局局长，免去陈光毅的中国民用航空总局局长职务。

同日　中国石化管道储运公司成立，7月24日挂牌。

6月　中共中央、国务院对宏观经济政策进行了重大调整，作出"实施积极财政政策，加快基础设施建设，扩大内需"的重大决策，以应对亚洲金融危机造成的不利影响。重点实施公路、铁路、通信、环保、农林及水利等基础设施建设。公路建设成为重中之重，1998年的公路建设实际投资从1997年的911亿元增至2118亿元。

7月28日　铁道部与中国铁路工程总公司、中国铁道建筑总公司、中国铁路通信信号总公司、中国铁路物资总公司、中国铁路机车车辆工业总公司签订1998—2000年《资产经营责任书》。这是五大公司与铁道部实行结构性分离的重要标志之一。

9月3日　华北高速公路股份有限公司等四家公司被批准为第一批使用国家特批指标在国内发行A种股票的上市公司。

9月9日　交通部首次批准两家台湾航运公司的远洋干线班轮同时挂靠中国大陆和台湾港口。

11月28日　中国远洋运输（集团）总公司广州远洋运输公司"华铜海"轮，在圆满完成最后一次远航任务后正式退役。该轮自1984年开始出租，其间没有出过一次事故，没有误过一天船期，没有违法违纪的事件发生，被国际航运界誉为"中国出租船的一面旗帜"，成为"海上中华名牌"。

12月3日　朱镕基与摩洛哥王国政府首相尤素福在北京共同见证中摩两国签署《民用航空运输协定》。

12月30日　铁道部印发《铁路局资产经营责任制办法》，决定对铁路运输企业实施资产经营责任制。

图为"华铜海"轮（图片由中国远洋海运集团有限公司提供）

一九九九年

1月1日　由铁道部和国家国内贸易局批准的第一条鲜活商品铁路"绿色通道"在广东湛江站开通。

2月　武警交通部队转隶武警总部统一领导管理，不再实行交通部和武警总部双重领导的管理体制。

4月26日　国务院批复交通部、中国人民银行《关于收费公路项目贷款担保问题的请示》，明确公路建设项目法人可以收费公路的收费权质押方式向国内银行申请抵押贷款。

5月9日—12日　中国国际航空公司派出 CA9999 ／ 8 航班，将 5 月 8 日美国轰炸中国驻南斯拉夫联盟大使馆中遇难的烈士骨灰和伤员接回北京，受到中央领导同志的赞扬。

5月15日　李鹏视察正在建设中的济南绕城高速公路北线、西线和济南黄河第二公路大桥。

6月5日　国务院办公厅转发交通部《水上安全监督管理体制改革实施方案》，明确中央与地方对有关水域的管理分工，实行"一水一监、一港一监"的管理体制。

图为专机接遇难者骨灰和伤员回北京时的场景（图片由中国民用航空局档案馆提供）

图为第 22 届万国邮政联盟大会现场（于小平摄）　　图为独龙江公路（图片由《中国公路》杂志社提供）

8 月 18 日　　江泽民为大连港题词："建设面向 21 世纪的现代化港口"。

8 月 23 日—9 月 15 日　　第 22 届万国邮政联盟大会在北京举行。全球 180 多个国家和 30 多个国际组织的 2000 名代表参会，会议发表了《北京邮政战略》。

9 月 9 日　　云南独龙江公路竣工通车。该公路通向中国少数民族聚居地独龙江乡，全长 96.2 公里，于 1995 年 7 月 1 日开工建设。2014 年 4 月 10 日，独龙江公路改扩建工程重点控制性工程——高黎贡山独龙江隧道胜利贯通，彻底结束了独龙江乡每年有一半时间大雪封山不通公路的历史。

9 月 28 日　　江苏江阴长江公路大桥建成通车，全长 3071 米、主跨 1385 米。该桥于 1994 年 11 月 22 日开工建设。江泽民为大桥通车剪彩并题写桥名。这是当时国内跨径最大的悬索桥，世界排名第四。

图为江阴长江公路大桥（图片由《中国公路》杂志社提供）

10月8日　铁道部高速铁路办公室成立。该机构为铁道部研究和组织高速铁路建设的派出机构，主要负责京沪高速铁路建设的前期工作。

10月27日　国务院批准在中央管理水域内设置20个交通部直属海事机构，下设分支机构、派出机构，明确海事机构是国家执法监督机构。11月10日，交通部公布中华人民共和国海事局局徽图案。2000年1月1日，局徽、局旗正式启用。12月14日，交通部统一地方海事机构名称。

图为中国海事局局徽

10月31日　（北）京沪（上海）高速公路山东济南至泰安段建成通车。至此，全国高速公路通车里程突破1万公里。

11月24日　山东烟大汽车轮渡股份有限公司"大舜"号滚装船在烟台附近海域失事，造成280人遇难或失踪。

12月6日　南疆铁路（吐鲁番—喀什）全线开通运营，全长1446.37公里。

12月18日　铁道部工程交易中心挂牌开业，标志着铁路一级有形建设市场建立并开始运作。

12月30日　福建厦门海沧大桥建成通车。这是中国首座三跨全漂浮悬索桥。该桥于1996年12月18日开工建设。

二〇〇〇年

4月7日　交通部将客滚船、客渡船、船载客车、旅游船和危险品运输船（"四客一危"），渤海湾水域、舟山水域、琼州海峡水域、西南山区河流和长江干线（"四区一线"）确定为重点监管船舶和水域；11月17日，又将"四客一危"明确为客滚船、客（渡）船、高速客船、旅游船和危险品运输船。2014年2月12日，交通运输部将"四客一危"调整为"四类重点船舶"，即客船、危险品船、砂石船和易流态化固体散装货物运输船舶；将"四区一线"调整为"六区一线"，即渤海水域（含成山角及以北水域）、长江口水域、舟山群岛水域、台湾海峡水域、珠江口水域、琼州海峡水域和长江一线水域（含西南山区水域）。

4月　全国水上遇险求救电话"12395"开通。该电话的开通，对及时处置水上突发事件，保护人民群众生命财产安全发挥了重要作用。

5月19日　国际海事组织海上安全委员会审议通过《成山角水域船舶定线制》和《成山角水域强制性船舶报告制》，自12月1日起实施。这是中国第一个被该组织审议通过的船舶定线制和船舶报告制。

7月15日　铁道部印发《关于部分非运输企业重组的通知》，将中国铁路工程总公司所属4个勘测设计院和专业设计院划归铁道部直接管理；中国铁路机车车辆工业总公司所属广州铁道车辆厂移交广州铁路（集团）公司管理；重组其他部分非运输企业。

7月20日—21日　西部大开发交通建设工作会议在成都召开。会议要求各地区、各有关部门要充分认识实施西部大开发战略决策的重大现实意义和深远历史意义以及加快西部交通基础设施建设的重要性，扎扎实实地把西部公路等交通基础设施搞上去，为实施西部大开发战略当好先行。吴邦国出席会议并讲话。

8月4日　交通部印发《加快西部地区公路交通发展规划纲要》。2001年8月29日，国务院原则同意交通部提出的西部开发8条省际公路通道建设规划方案，并简化建设项目前期工作程序。

9月15日　（北）京沈（阳）高速公路全线贯通，全长658公里。该公路是中国第一条全程双向六车道高速公路，于1996年9月开工建设。

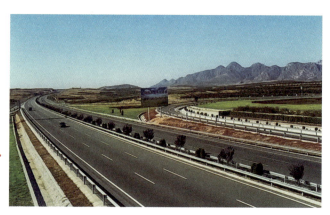

图为京沈高速公路（陈邦贤摄）

9月21日　（北）京大（同）高速公路山西段建成通车，全长58.8公里。这是中国第一条高荷载、超重型水泥混凝土路面高速公路，于1998年8月15日开工建设。

9月28日　铁道部印发《关于向中央企业工委移交中国铁路工程总公司等企业领导班子管理职责的通知》。明确铁道部与中国铁路工程总公司、中国铁道建筑总公司、中国铁路通信信号总公司、中国土木工程集团公司、中国机车车辆工业总公司5家企业实施政企分开。

10月22日　国务院批转财政部、国家计划委员会、国家经济贸易委员会、公安部、建设部、交通部、税务总局、工商局、国务院法制办公室、国务院经济体制改革办公室、中国石油天然气集团公司、中国石油化工集团公司制定的《交通和车辆税费改革实施方案》。同日，国务院颁布《中华人民共和国车辆购置税暂行条例》，自2001年1月1日起实施。征收了15年的车辆购置附加费被车辆购置税替代。2018年12月29日，第十三届全国人民代表大会常务委员会第七次会议通过《中华人民共和国车辆购置税法》，自2019年7月1日起施行，《中华人民共和国车辆购置税暂行条例》同时废止。

11月27日　新华社报道，上海港国际集装箱吞吐量突破500万标准箱，成为中国大陆第一个突破500万标准箱的港口。12月25日，上海港全年货物吞吐量累计完成2亿吨，成为中国第一个年货物吞吐量突破2亿吨的港口，居当时世界第三。

11月27日—12月6日　国际海事组织海上安全委员会第七十三届会议审议通过中国政府递交的《中国政府履行STCW78／95公约报告》。

12月18日　（北）京沪（上海）高速公路全线建成通车，全长1262公里。该高速公路是"两纵两横三个重要路段"中的"三个重要路段"之一，于1987年12月开始分段建设。到2000年底，中国高速公路通车里程突破1.6万公里，跃居当时世界第三位。

12月26日　铁道通信信息有限责任公司成立。

二〇〇一年

2月6日　交通部印发《西部地区内河航运发展规划纲要》，明确西部地区内河航运发展思路，提出用20年左右的时间，基本建成西部地区通江达海的水运主通道，开发建设主要支流航道及港口设施，形成配套的内河航运服务体系；到21世纪中叶，实现以水运主通道为骨架、干支相通、水陆联运、设施配套、功能完善、服务优质的现代化内河航运体系的总体目标。

3月5日　交通部上海海上救助飞行队成立，这是中国第一支专业从事海上搜救的空中队伍。9月，上海高东海上救助机场投入试运行，这是交通部建立的国内首个海上救助机场。

3月6日　国家计划委员会、交通部印发《关于全面放开水运价格有关问题的通知》，明确从5月1日开始，放开水运客货运输价格，实行市场调节价。

图为上海海上救助飞行队（田景玥摄）

3月26日 南京长江二桥建成通车，全长 21.20 公里。该桥于 1997 年 10 月 6 日开工建设，其南汊大桥为钢箱梁斜拉桥，桥长 2938 米，主跨 628 米，跨径在当时同类桥型中居国内第一、世界第三。2000 年 4 月 17 日，朱镕基视察南京长江二桥建设工地时强调，要以对国家、对人民、对历史极端负责的精神和一丝不苟的认真态度，扎扎实实地把工程建设质量提高到一个新水平。

5月29日 交通部印发《2001—2010 年公路水路交通行业政策及产业发展序列目录》。

6月1日 中国船舶报告系统在上海建成试运行。

6月26日 中国、老挝、缅甸、泰国四国政府在云南西双版纳景洪港举行湄公河通航仪式。这标志着中国与东南亚第一条国际水上通道开通。

8月14日 中国第一辆磁悬浮客车在长春客车厂下线。这标志着中国成为继德国、日本之后第三个掌握磁悬浮客车技术的国家。

9月9日 李鹏在访问越南期间登上中国海运（集团）总公司"新上海"号邮轮视察并题词："发展海上旅游，增进中越友谊"。

9月10日 武（昌）广（州）电气化铁路开通运营，全长 1054 公里。该铁路于 1998 年 6 月开工建设。这标志着全长 2300 公里的京广铁路全线实现电气化。

10月25日 西部地区通县公路建设工程启动。该工程涉及 17 个省区（含新疆生产建设兵团）的 1100 个县，共改建公路 26098 公里。2002 年 8 月 15 日，朱镕基对西部地区通县公路建设作出批示："百年大计，质量第一"。

11月3日 中国民航首批电子客票在深圳航空公司开始使用。

11月18日 中国自行研制生产并拥有完全自主知识产权的动力分散型"中原之星"电动车组投入运营。

11月23日 国务院办公厅印发《关于深化中央直属和双重领导港口管理体制改革意见的通知》，决定所有中央直属和双重领导港口全部下放地方管理，实行政企分开。港口管理下放工作于 2002 年 3 月底完成。

同日 集（宁）通（辽）铁路工程通过国家验收，全长 943 公里。该铁路是当时全国最长的合资铁路，为国家"八五"重点建设项目，于 1990 年 6 月 22 日开工建设，1995 年 12 月 1 日投入运营。

11月30日　哈（尔滨）大（连）电气化铁路全线开通运营，全长946.5公里。该铁路结束了东北地区无电气化铁路的历史，是中国第一条引进德国牵引供电技术、设备和管理的电气化铁路，也是当时中国电气化铁路建设史上投资最大、技术含量最高、一次性开通里程最长的工程项目。

12月4日　四川成都—广西北海的西南出海大通道（辅助通道）全线贯通，全长1709公里。该通道于1987年12月开工建设，是"两纵两横三个重要路段"的重要部分，也是国家西部大开发战略实施以后率先完成的大型基础建设项目。

12月11日　国务院颁布《中华人民共和国国际海运条例》，自2002年1月1日起施行。

12月12日　中国石油涩宁兰输气管道工程竣工仪式在兰州举行。该管道西起青海柴达木盆地涩北一号气田，经西宁，终至兰州，全长930公里，设计年输气量为20亿立方米，是国内当时已建成管道最长、海拔最高、自然环境及社会依托最差的输气管道。

12月22日　中国第一艘大型海事专用巡视船"海巡21"号在上海交付使用。

12月31日　新华社报道，中国高速公路总里程突破1.9万公里，达到19331公里，世界排名由第三位升至第二位。

二〇〇二年

1月26日 国务院颁布《危险化学品安全管理条例》，首次将危险化学品运输企业、运输工具及从业人员的安全监管职责赋予交通部门。该条例自3月15日起施行，1987年颁布的《化学危险物品安全管理条例》同时废止。

3月3日 国务院印发《关于印发民航体制改革方案的通知》。改革目标为：政企分开，转变职能；资产重组，优化配置；打破垄断，鼓励竞争；加强监管，保证安全；机场下放，属地管理；提高效益，改善服务。10月11日，国家计划委员会和中国民航总局在北京举行民用航空运输及服务保障六大集团公司成立大会，宣布中国航空集团公司、中国东方航空集团公司、中国南方航空集团公司、中国民航信息集团公司、中国航空油料集团公司、中国航空器材进出口集团公司成立。2003年9月4日，国务院批准《省（区、市）民航机场管理体制和行政管理体制改革实施方案》。明确除北京首都国际机场、天津滨海国际机场和民航西藏自治区管理局管辖的机场外，其他民航机场相继移交地方管理；保留民航华北、华东、中南、西南、西北、东北和新疆7个地区管理局；撤销原24个省（区、市）管理局，改设26个民用航空安全监督管理办公室。到12月底，各地区管理局所在地以外的各省（区、市）航空安全监督管理办公室相继组建。

3月 在救捞系统协助下，无动力航母"瓦良格"号抵达中国大连港。

4月26日 中国桂林—越南下龙湾"友谊"号国际旅游列车从桂林站首发。这是中国铁路首条跨国旅游列车专线。

5月21日 国务院关于杨元元、刘剑锋职务任免的通知（国人字〔2002〕45号）：国务院2002年5月21日决定，任命杨元元为中国民用航空总局局长，免去刘剑锋的中国民用航空总局局长职务。

7月4日 西气东输工程开工典礼在北京举行。江泽民发贺信，吴邦国出席典礼并发开工令。2004年12月30日，该工程投产庆典暨表彰大会在北京举行。胡锦涛致贺信，曾培炎宣布全线建成投产。该工程西起新疆轮南，途经9个省份，全长4000公里，是中国当时距离最长、投资最多、输气量最大、施工条件最复杂的输气管道。此后，西气东输二线工程、三线工程相继建设。

8月 朱镕基、吴邦国分别在《救捞体制改革方案》上批示"打捞救助要由国家投资，逐步加强技术装备"和"关键要保持队伍的稳定，打捞工作只能加强不能削弱"。2003年2月28日，交通部、国家计划委员会、国家经济贸易委员会、财政部、劳动和社会保障部、中央机构编制委员会办公室印发《救助打捞体制改革实施方案》。6月28日，交通部实施交通救捞体制改革，成立交通部北海、东海、南海救助局和交通部烟台、上海、广州打捞局以及上海海上救助飞行队。7月15日，交通部上海海上救助飞行队开始担负海上救助值班待命任务，标志着我国海空立体救助体系开始运行。

图为川九公路（李秋月 摄）

9月3日　交通部印发《内河航道养护与管理发展纲要（2001—2010 年）》。2011 年 12 月 22 日，交通运输部印发《全国航道管理与养护发展纲要（2011—2015 年）》。2016 年 11 月 29 日，交通运输部印发《全国航道管理与养护发展纲要（2016—2020 年）》。

10月19日　青（西宁）藏（拉萨）铁路风火山隧道贯通，全长 1338 米，轨面标高 4905 米，于 2001 年 10 月 18 日开工建设。该隧道是世界海拔最高的高原冻土铁路隧道，位于青藏高原可可西里"无人区"边缘。

10月25日　四川川（主寺）九（寨沟）公路改扩建工程开工。该路于 2003 年 9 月底完工，是中国第一条生态环保示范公路。

10月28日　中华人民共和国主席令（第七十九号）：根据中华人民共和国第九届全国人民代表大会常务委员会第三十次会议于 2002 年 10 月 28 日的决定：免去黄镇东的交通部部长职务；任命张春贤为交通部部长。

11月15日　为青藏铁路设计的"雪域神舟"号内燃机车在戚墅堰机车车辆厂出厂，填补了中国高原大功率内燃机车的空白。

11月20日—21日　上海合作组织交通部长首次会议在吉尔吉斯斯坦首都比什凯克举行。该会议至今已召开七次。

12月2日　江泽民与俄罗斯总统普京共同签署联合声明。考虑到能源合作对双方的重大意义，两国元首认为，保证已达成协议的中俄原油和天然气管道合作项目按期实施，并协调落实有前景的能源项目，对确保油气的长期稳定供应至关重要。

12月6日　交通部与欧盟及其成员国代表在布鲁塞尔签署《中国—欧盟海运协定》。

二〇〇三年

1月26日—2月10日　中国台湾地区6家航空公司飞机，从台北、高雄经由香港、澳门飞至上海，执行16架次春节台商包机任务。这是54年来台湾地区的航空公司班机首次经正式批准飞抵中国大陆。

2月1日　朱镕基在北京市公共交通总公司44路公共汽车北官厅站看望公交职工时强调，解决城市交通问题，从根本上说是要大力发展公共交通，加强科学管理，提高城市交通效率。

2月11日—12日　交通部在全国交通工作会议上提出"修好农村路，服务城镇化，让农民兄弟走上沥青路和水泥路"。此后，交通部启动新中国成立后规模最大的农村道路改善工程。农村公路发展速度和质量显著提高，为"四好农村公路"奠定了坚实的基础。

3月8日　国家计划委员会、建设部、铁道部、交通部、信息产业部、水利部、中国民航总局印发《工程建设项目施工招标投标办法》。该办法自2003年5月1日起施行，后于2013年3月11日修订。

图为中华航空公司班机飞抵上海浦东国际机场相关人员合影（图片由中国民用航空局档案馆提供）

3月16日　中华人民共和国主席令（第二号）：根据中华人民共和国第十届全国人民代表大会第一次会议的决定：任命张春贤为交通部部长。

3月28日　哈萨克斯坦肯基亚克—阿特劳输油管道一期工程投产，全长448.8公里。这是中国石油在中亚地区第一个海外合资管道建设项目。该管道与俄罗斯石油管道连通，年输油能力为700万—1250万吨，于2002年5月23日开工建设。

4月10日　胡锦涛在视察湛江港时作出港口"要发挥优势、要抓住机遇、要理清发展思路"的指示。

5月1日　国务院国人字〔2003〕54号：国务院2003年5月1日决定，任命刘安东为国家邮政局局长；免去刘立清的国家邮政局局长职务。

6月16日　三峡工程双线五级船闸试通航。6月18日，三峡船闸对社会船舶开放。2004年7月6日，长江三峡二期工程船闸通航，8月13日，国务院三峡工程建设委员会批准三峡船闸由试通航转为正式通航。

6月28日　第十届全国人民代表大会常务委员会第三次会议通过《中华人民共和国港口法》，自2004年1月1日起施行。该法于2015年、2017年、2018年修正。

图为三峡工程双线五级船闸试通航仪式场景（林海、闫伟 摄）

图为榆靖高速公路无定河大桥（范德元 摄）

8月22日 陕西榆（林）靖（边）高速公路通车，全长 116 公里。该公路是中国第一条沙漠高速公路，于 1999 年 12 月开工建设。

9月29日 上海大连路隧道通车。该隧道首次采用两台超大型盾构设备同时掘进，首次设置了江底联络通道、路下紧急逃生通道。

10月12日 秦（皇岛）沈（阳）铁路客运专线开通运营，全长 404.64 公里。该铁路是中国自行设计修建的第一条双线电气化客运专线，于 1999 年 8 月 16 日全线开工建设。

10月20日 （北）京沈（阳）高速公路联网收费工程开通运行。这是中国第一条跨省（市）联网收费的高速公路。

10月28日 第十届全国人民代表大会常务委员会第五次会议通过《中华人民共和国道路交通安全法》，自 2004 年 5 月 1 日起施行。该法于 2007 年、2011 年修正。

12月1日 北京、天津、河北、山西、内蒙古五省区市联合治理公路货运超载超限行动启动，开辟了跨区域、跨部门互动治超模式。12 月 2 日，温家宝在交通部向国务院报送的《关于加强超限超载治理工作的报告》上作出批示，注意采取综合措施，要治理就要坚决治好，不能半途而废。

12月5日 经国务院批准，交通部与山东省、江苏省、浙江省、河南省、安徽省和上海市人民政府印发《京杭运河船型标准化示范工程行动方案》，自 2004 年 1 月 1 日起施行。12 月 12 日，交通部和上述五省一市人民政府在江苏省扬州市联合召开京杭运河船型标准化示范工程启动仪式暨现场会，标志着京杭运河船型标准化示范工程启动。

12月28日 中铁集装箱运输有限责任公司、中铁特货运输有限责任公司、中铁行包快递有限责任公司挂牌成立，标志着铁路专业运输管理体制改革取得实质性进展。

12月 新华社报道，上海、深圳两港集装箱年吞吐量均突破 1000 万标准箱大关，中国港口集装箱吞吐总量达 4867 万标准箱，居世界第一。

二〇〇四年

1月7日 国务院常务会议审议通过《中长期铁路网规划》。这是国务院批复的第一个铁路中长期规划。该规划明确，到2020年，全国铁路营业里程达到10万公里，主要繁忙干线实现客货分线，建设客运专线1.2万公里以上，复线率和电气化率均达到50%，运输能力满足国民经济和社会发展需要，主要技术装备达到或接近国际先进水平。

1月31日 交通部印发《公路安全保障工程实施方案》。4月27日，交通部在重庆召开全国公路安全保障工程实施工作座谈会，标志着这项工程在全国启动。

3月1日 交通部印发《珠江口水域船舶定线制（试行）》，自6月1日起实施。这是首次采用"分隔线"方法将相连航道隔开，是世界上第一次使用"分隔线"方法进行分道通航。

4月30日 国务院颁布《中华人民共和国道路运输条例》，自2004年7月1日起施行。该条例于2012年、2016年、2019年修订。

5月20日 甬沪宁进口原油管道工程在宁波全线竣工投产。该管道南起浙江大榭岛、经上海、北至江苏仪征，为长三角地区提供强有力的能源保障。其中，杭州湾海底管线南岸拖管工程创下当时海上拖管口径最大、距离最长的世界纪录。

6月17日 交通部决定成立交通部北海第一救助飞行队、东海第二救助飞行队、南海第一救助飞行队，将原交通部上海海上救助飞行队更名为交通部东海第一救助飞行队。

7月16日 粤海铁路通道全线开通运营，全长345公里。该通道是中国第一条跨海铁路通道，于1998年8月30日开工建设。该工程分广东境内139公里的湛（江）海（安）线、跨越琼州海峡的铁路轮渡和海南省境内182.5公里的海（口）叉（河）线展开建设，简称为"两线一渡"。该通道先后于2002年1月28日和2003年1月7日建成湛海线和琼州海峡轮渡以及西环线海（口）沙（吉）段，并开通了货物运输。

7月21日 交通部印发《关于实行长江干线海事巡航与救助一体化管理的通知》。

9月8日 纪念川藏、青藏公路建成通车50周年大会在西藏拉萨举行。

9月13日　国务院颁布《收费公路管理条例》，自 2004 年 11 月 1 日起施行。

9月28日　中国—哈萨克斯坦原油管道开工建设，全长 3032 公里。该管道最低输油量为 2000 万吨／年，是中国第一条跨国长输管道。

9月29日　上海复兴东路隧道通车，全长 2785 米，越江段长 1214 米。该隧道是国内第一条双管双层六车道越江隧道，于 2001 年 10 月 31 日开工建设。

10月2日　在国际民航组织第三十五届大会上，中国首次当选国际民航组织理事会一类理事国。

10月26日　交通部印发《全国主要港口名录》，明确大连港等 25 个港口为沿海主要港口，哈尔滨港等 28 个港口为内河主要港口。

12月17日　国务院常务会议审议通过《国家高速公路网规划》。这是国务院批准的第一个高速公路网规划（"7918 规划"）。明确采用放射线与纵横线网格相结合的布局方案，国家高速公路网由 7 条首都放射线、9 条南北纵向线和 18 条东西横向线组成，总里程为 8.5 万公里，覆盖 10 亿人口。

二〇〇五年

1月4日　交通部印发《公路水路交通"十一五"发展规划纲要》。

1月13日　交通部、公安部、农业部、商务部、国家发展和改革委员会、财政部、国务院纠正行业不正之风办公室印发《全国高效率鲜活农产品流通"绿色通道"建设实施方案》。

1月28日　铁道部印发《铁路信息化总体规划》，规划到2020年，在全路建成具有中国特色的铁路运输信息系统，总体水平跃居世界先进行列。

1月29日—2月20日　中国大陆和中国台湾地区的12家航空公司在北京、上海、广州至台北、高雄五地间共飞行48班往返春节包机。这是中国大陆与台湾地区民航飞机首开双向对飞。

2月2日　国务院第八十次常务会议审议通过《农村公路建设规划》。4月5日，交通部确定8个农村公路建设示范工程。8月23日，交通部印发《全国农村公路建设规划》。12月21日，温家宝对农村公路建设作出批示，强调要按照国务院通过的《农村公路建设规划》总体要求，完善政策措施，抓好落实。

2月3日　中央机构编制委员会办公室批复组建交通部长江口航道管理局。

3月4日　交通部印发《长江三角洲地区现代化公路水路交通规划纲要》《振兴东北老工业基地公路水路交通发展规划纲要》。

3月18日　经国务院同意，铁路局实施铁路局直接管理站段体制改革。中国铁路"铁道部—铁路局—铁路分局—站段"四级管理体制宣告终结。

4月6日　渝（重庆）怀（化）铁路全线铺通，全长625公里。该铁路是国家实施西部大开发战略的标志性工程之一，于2000年12月16日开工建设。

4月13日　交通部印发《国际道路运输管理规定》，自2005年6月1日起施行。

4月30日　江苏润扬长江大桥建成通车，全长35.66公里。其中南汊桥为主跨1490米的单跨双绞面钢箱梁悬索桥，跨径为当时的中国第一、世界第三，北汊桥为三跨双塔双索面钢箱梁斜拉桥。吴邦国出席通车仪式。该桥于2000年10月20日开工建设，江泽民亲临并为大桥奠基石揭碑并培土。2004年5月1日，胡锦涛视察该桥。

5月22日　国务院批准建立由交通部牵头的国家海上搜救部际联席会议制度。24日，国务院印发实施《国家海上搜救应急预案》。该预案于2009年修订。

6月22日　国务院批复同意设立上海洋山保税港区。该港区为中国第一个保税港区。

6月23日　西藏自治区地方海事局成立。这标志着从1998年开始的全国水监体制改革全面完成。

7月11日　经中共中央批准，"郑和下西洋600周年纪念大会"在北京人民大会堂召开。2001年4月9日，中共中央决定开展以"热爱祖国、睦邻友好、科学航海"为主题的郑和下西洋600周年纪念活动，筹备领导小组由交通部负责同志牵头。2005年4月25日，经国务院批准，自2005年起，每年7月11日为中国"航海日"，也作为"世界海事日"在中国实施的日期。2005年6月28日，国家邮政局发行《郑和下西洋六百周年》纪念邮票。2005年7月11日，成立国家级航海博物馆，2006年7月，国务院办公厅冠名"上海中国航海博物馆"。

7月13日　铁道部印发《关于鼓励支持和引导非公有制经济参与铁路建设经营的实施意见》。

8月19日　国务院印发《邮政体制改革方案》，确定实行政企分开，重组邮政监管机构，组建中国邮政集团公司；改革邮政主业，改革邮政储蓄；完善邮政普遍服务机制、特殊服务机制、安全保障机制和价格形成机制。

9月21日　交通部印发《公路水路交通中长期科技发展规划纲要（2006—2020年）》。

9月29日　国务院办公厅印发《农村公路管理养护体制改革方案》，明确建立健全以县为主的农村公路管理养护体制。

11月21日—12月2日　国际海事组织第二十四届大会召开。中国驻英大使查培新被推选为大会主席。这是自1973年中国恢复参加该组织活动以来，中国人第一次担任最高层会议的大会主席。

图为郑和下西洋600周年纪念邮票

11月28日　由上海市、湖北省、重庆市人民政府和交通部共同发起沿江七省二市（上海、江苏、安徽、江西、湖北、湖南、重庆、四川、云南）参加的"合力建设黄金水道，促进长江经济发展"座谈会在北京召开。会议强调，要加强规划、合理布局，突出重点、加强协调，调整结构、加快综合运输体系建设，为长江流域经济持续快速协调发展作出新贡献。

12月8日　中国交通建设集团有限公司成立。该集团由原中国路桥（集团）总公司和中国港湾建设（集团）总公司重组而成。

12月10日　上海东海大桥正式通车，全长32.5公里。该桥是中国第一座跨海大桥，于2002年6月26日开工建设。此后，一批大型跨海桥梁相继建成。

同日　上海国际航运中心洋山深水港区一期工程全面建成正式开港，该工程是中国开发利用外海深水岸线资源的一座里程碑。2007年9月10日，洋山深水港区二期工程通过国家验收。2008年12月6日，上海洋山深水港三期工程建成仪式在小洋山隆重举行，标志着洋山深水港区主体工程全面建成。2017年12月10日，全球规模最大的上海洋山深水港四期自动化码头开港试运行。2018年11月6日，习近平视察上海期间视频连线洋山港四期自动化码头，他指出，经济强国必定是海洋强国、航运强国。他希望上海把洋山港建设好、管理好、发展好，加强软环境建设，不断提高港口运营管理能力、综合服务能力，在我国全面扩大开放、共建"一带一路"中发挥更大作用。

12月29日　中华人民共和国主席令（第四十七号）：根据中华人民共和国第十届全国人民代表大会常务委员会第十九次会议于2005年12月29日的决定：免去张春贤的交通部部长职务；任命李盛霖为交通部部长。

图为洋山深水港区（林军保 摄）

12月30日 交通部印发《促进中部地区崛起公路水路交通发展规划纲要》。

本年 国际民航组织统计，中国航空运输总周转量跃居世界第二位，达到261.3亿吨公里。至2018年，中国航空运输总周转量已连续14年稳居世界第二。

二〇〇六年

1月16日　全国交通工作会议提出要继续做好农村公路规划、建设、管护，精心实施好农村公路"五年千亿元建设工程"，逐步实现"村村通"的目标。此后，交通部与国家发展和改革委员会联合启动"五年千亿元"农村公路建设工程；交通部对中央车购税投资结构进行重大调整，进一步向农村公路建设倾斜。

1月29日　曾培炎看望节日期间工作在第一线的首都公交职工，代表中共中央、国务院向全国城市公交行业全体干部职工表示崇高敬意和诚挚问候。曾培炎强调，在大城市优先发展城市公共交通，有利于提高交通资源利用效率，缓解交通拥堵状况，符合中国城市发展的实际，也是贯彻落实科学发展观和建设节约型社会的重要举措。

2月20日　胡锦涛与巴基斯坦伊斯兰共和国总统穆沙拉夫共同见证两国代表签署《关于改造喀喇昆仑公路的合作谅解备忘录》。

2月25日　中国石化册子岛30万吨级码头投产成功。该码头是国家重点工程，原油年接卸能力可达2000万吨。

3月28日　大（同）秦（皇岛）铁路正式开行2万吨重载组合列车，标志着中国铁路重载运输技术达到世界先进水平。

4月10日　交通部、国家发展和改革委员会印发《关于收取港口设施保安费的通知》，决定自2006年6月1日起收取港口设施保安费，执行期限暂定3年。

4月27日　上海磁悬浮列车示范运营线投入营运，起于龙阳路站，止于浦东国际机场站，全长30公里。这是世界上首条投入商业化运营的磁悬浮列车示范线，于2000年3月1日开工建设。

5月8日　中国石油北京油气调控中心成立，承担对中国石油所属长输油气管道统一调度指挥、远程监控操作、管网运行优化等职责。

图为行驶在大秦线上的2万吨级"和谐号"列车（图片由中国国家铁路集团有限公司档案史志中心提供）

5月10日 交通部印发《天津北方国际航运中心交通基础设施发展规划指导意见》。

5月13日 胡锦涛考察云南思（茅）小（勐养）高速公路，对这条集热带雨林、民族风情和现代科技于一体的生态高速公路给予了充分肯定。

5月17日—6月3日 交通部南海救助局组织专业救助力量，在东沙海域成功救助在"珍珠"台风中遇险的330名越南渔民和22艘越南渔船。这是新中国成立以来涉及外籍人员最多的一次海上大规模救援行动。

5月18日 交通部印发《公路水路交通信息化"十一五"发展规划》。

7月1日 青（西宁）藏（拉萨）铁路建成通车，结束了西藏不通铁路的历史，有力推动了雪域高原的跨越式发展和各族人民生活的改善，成为西藏经济社会发展的"输氧线"。该铁路全长1956公里，是世界上海拔最高、在冻土上路程最长的高原铁路，于2001年6月29日开工建设。

同日 （北）京沪（上海）电气化铁路开通运营，全长1453公里，于2005年7月1日开工建设。

7月3日 意大利歌诗达邮轮公司的"爱伦歌娜"号邮轮从上海港国际客运中心启航，标志着中国第一条现代邮轮始发航线开通。

图为青藏铁路通车庆祝大会格尔木站主会场场景（于得庆 摄）

7月15日 交通部西沙救助基地启用仪式在永兴岛举行，标志着海上立体救助体系覆盖中国南海海域。该基地是当时中国最南端的救助基地。

8月10日 超强台风"桑美"在福建、浙江交界处登陆，风力达17级以上，为50年来登陆中国大陆的最强台风。"桑美"造成福建省福鼎市沙埕港人员及财产的重大损失。此后，交通部组织力量投入并完成抢险救灾工作。

8月16日 国务院第一百四十六次常务会议审议通过《全国沿海港口布局规划》。该规划提出打造五大港口群和八大运输系统。这是中国沿海港口最高层面的规划，标志着中国沿海港口进入新的发展阶段。

8月31日 沪（上海）瑞（丽）高速公路湖南邵阳—怀化段雪峰山隧道贯通。该隧道创造了特长隧道贯通误差世界最小纪录，于2002年4月开工建设。

9月5日 交通部印发《更好地为公众服务——"十一五"公路养护管理事业发展纲要》。

9月7日 胡锦涛视察中国—哈萨克斯坦原油管道独山子末站。

9月24日 "中国公路零公里点"标志在北京天安门广场正阳门前完成安装。

11月9日 刘安东任中国邮政集团公司总经理、党组书记。

11月21日 国务院关于马军胜等4人任职的通知（国人字〔2006〕95号）：国务院2006年11月21日决定，任命马军胜为国家邮政局局长。

同日 交通部与上海市、江苏省、安徽省、江西省、湖北省、湖南省、重庆市、四川省、云南省人民政府印发《"十一五"期长江黄金水道建设总体推进方案》。

12月30日 交通部上海打捞局使用200米饱和潜水作业，完成中国首次氦氧饱和潜水作业，潜水深度为103.5米，实现中国氦氧饱和潜水工程作业零的突破。

图为"中国公路零公里点"标志（陈邦贤 摄）

二〇〇七年

1月20日 陕西秦岭终南山隧道建成通车，双洞全长36.04公里。该隧道是世界上最长的双洞高速公路隧道，于2002年3月开工建设。

1月29日 重组后的国家邮政局和新组建的中国邮政集团公司同时挂牌，中国邮政全面实现政企分开。

2月2日 经国际海事组织修正的《〈1973年国际防止船舶造成污染公约〉1978年议定书》附则Ⅳ对中国生效。

3月3日—5日 自1969年以来最强的一次温带风暴潮突袭中国东部沿海。中国海上搜救中心协调多方力量，成功救助遇险的5170名人员和684艘船舶。

3月17日 上海振华港机公司研制的"华天龙"号浮吊在上海长兴岛外举行交接暨首航仪式。该浮吊最大起吊能力超过4000吨，被誉为"亚洲第一浮吊"。

图为秦岭终南山公路隧道（图片由《中国公路》杂志社提供）

3月20日　中国邮政储蓄银行成立。

4月14日　国务院颁布《中华人民共和国船员条例》，自9月1日起施行。

4月18日　交通部烟台打捞局、上海打捞局、北海救助局组织成功打捞世界上最大的挖泥船"奋威"号。

4月27日　国务院批准《国家水上交通安全监管和救助系统布局规划》。这是新中国成立以来第一个国家级水上交通安全监管和救助系统中长期规划。

5月15日　福州与澎湖首次实现货运直航，开启了福建沿海与澎湖的货运直航常态化进程，标志着海峡两岸"小三通"迈出重要一步。

6月18日　中国首例无砟轨道双块式轨枕试产成功。

6月26日　经国务院批准，国家发展和改革委员会、交通部印发《全国内河航道与港口布局规划》。

7月1日　深港西部通道正式通车运行。胡锦涛出席通车仪式并剪彩。该通道主体工程深圳湾公路大桥于2003年8月28日开工建设。

7月3日　交通部印发实施《国家高速公路网命名和编号规则》。2010年7月底，国家高速公路网命名编号实施工作全面完成。

7月11日　国务院颁布《铁路交通事故应急救援和调查处理条例》，自9月1日起施行。该条例是中国第一部全面规范铁路交通事故调查处理的行政法规。

8月1日　西部原油管道成功投产。至此，西部管道工程全部建成投入运营，包括原油和成品油两条输油管道，西起乌鲁木齐，东至兰州，总长近4000公里。该工程于2005年3月1日全线开工。2006年10月19日，西部成品油管道竣工投产。

图为西部原油管道投产仪式现场场景（图片由国家能源局提供）

同日　交通部印发《泛珠江三角洲区域合作公路水路交通基础设施规划纲要》《环渤海地区现代化公路水路交通基础设施规划纲要》。

8月6日　由中国国际航空公司、中国东方航空公司、上海航空公司、中国南方航空公司、海南航空公司5家航空公司共同实施的"京沪空中快线"正式启航。

8月20日　山东滨州黄河公铁两用桥全面通车，全长7000米。该桥为黄河上第一座公铁两用大桥，于2004年11月开工建设。

9月1日　珠海—中山天然气管道二期工程开工建设，线路全长44.4公里，于2009年6月5日投产运营。该工程的磨刀门水道穿越长度达2630米，是当时世界最长的水平定向钻穿越工程。

9月18日　国务院办公厅印发《关于开展重大基础设施安全隐患排查工作的通知》。

9月22日　中国第一列具有自主知识产权的A型地铁列车在上海下线。

11月18日　"南海救101"号船在广州黄埔船厂码头交付使用。这是当时中国救助船舶系列中尺度最大、功率最大、航速最快、抗风能力最强的海洋专业救助船。

12月18日　在国务院新闻办举行的新闻发布会上，交通部宣布"五纵七横"国道主干线将于本年底基本贯通，总规模约3.5万公里，其中高速公路里程将达5.3万公里。

12月22日　中国自主研发的首列国产化、时速300公里"和谐号"动车组，在四方机车车辆股份有限公司下线。中国成为继日本、法国、德国后第4个能够独立研发制造时速300公里动车组的国家。

12月27日　国务院关于李家祥、杨元元职务任免的通知（国人字〔2007〕134号）：国务院2007年12月27日决定，任命李家祥为中国民用航空总局副局长、代局长，免去杨元元的中国民用航空总局局长职务。

12月28日　宋代古沉船"南海一号"由广州打捞局在阳江海域整体打捞出水。此次整体打捞工艺和技术为世界首创。

12月　曾培炎在江苏上海考察时指出，东部地区要完善交通规划，处理好公路、铁路、港口、机场建设的关系，健全现代综合运输体系，为促进城乡、区域、经济社会协调发展提供支撑。

二〇〇八年

1月10日—2月13日　中国南方地区出现大范围罕见低温雨雪冰冻极端灾害天气，交通运输受到严重影响。19日，交通部成立应对低温冰冻雨雪天气应急处置临时工作机构，印发《关于积极应对雪雾等恶劣天气切实加强公路保畅工作的紧急通知》。1月28日，温家宝赴湖南指挥抗雨雪冰冻灾害救灾工作，强调要加快公路除冰除障进度，尽快恢复铁路输电，尽早疏通京广铁路、京珠高速公路大动脉，保证南北通道畅通。2月3日，胡锦涛主持召开中共中央政治局常委会议，进一步研究部署抗雨雪冰冻灾害救灾工作，强调要千方百计保交通、保供电、保民生。当日，京珠高速公路全线基本恢复正常交通，湖南、广东境内路段的抢通工作全面完成。1月10日—2月4日，民航安排610班因灾受阻的旅客，8架次货包机运送50吨除冰液等物资。2月13日，温家宝在国务院常务会议上宣布，抗击历史罕见的低温、雨雪和冰冻灾害工作取得重大的阶段性胜利。

1月　全国铁路工作会议、全国交通工作会议、全国民航工作会议在京召开，曾培炎分别作出要求并指出，铁路、交通、民航都是国民经济的基础性产业和服务性行业，同人民群众的切身利益息息相关。他强调要加快发展方式转变和行业结构调整，加大改革开放和自主创新力度，加快构建现代化综合运输体系。

2月7日　胡锦涛在视察南宁市邮件处理中心时指示，邮政事业关系到千家万户，关系到人民群众的切身利益。在这场雨雪冰冻灾害面前，邮政职工迎难而上，奋力拼搏，克服了种种困难，保持了邮路基本畅通。我们要更好地发展邮政事业，为人民群众提供优质的邮政服务。

2月29日　北京首都国际机场T3航站楼正式运行，总体建筑面积98.6万平方米。该航站楼于2004年3月28日开工建设。6月25日，胡锦涛视察北京首都国际机场T3航站楼，并对民航工作作出指示。

3月12日　全球首条集装箱电子标签航线（上海港—美国萨瓦纳港）在上海开航。

3月15日　第十一届全国人民代表大会第一次会议批准国务院机构改革方案，组建交通运输部。将交通部、中国民用航空总局的职责，建设部指导城市客运的职责，整合划入交通运输部；组建中国民用航空局，由交通运输部管理；国家邮政局改由交通运输部管理；保留铁道部，继续推进改革。不再保留交通部、中国民用航空总局。3月19日，交通运输部成立。3月23日，"中华人民共和国交通运输部"挂牌。

图为北京首都国际机场T3航站楼（图片由中国民用航空局档案馆提供）

3月17日　中华人民共和国主席令（第二号）：根据中华人民共和国第十一届全国人民代表大会第一次会议的决定：任命李盛霖为交通运输部部长。

3月18日　国务院关于李家祥等4人任职的通知（国人字〔2008〕32号）：国务院2008年3月18日决定，任命李家祥为交通运输部副部长兼中国民用航空局局长。

4月3日　中国第一艘液化天然气（LNG）运输船"大鹏昊"号交付使用。

4月5日　邮政业消费者申诉电话"12305"开通。对于邮政业服务质量问题，若对经营者处理结果不满意或在规定的时限内经营者未予答复的，可通过该电话向邮政管理部门提出申诉。

4月11日　胡锦涛与坦桑尼亚总统基奎特在海南三亚共同见证中国与坦桑尼亚签署《中华人民共和国政府和坦桑尼亚联合共和国政府航空运输协定》。

4月18日　合（肥）宁（南京）铁路开通运营，全长157公里。该铁路是中国第一条时速250公里的客运专线，于2005年7月开工建设。

5月1日　浙江杭州湾跨海大桥通车，全长36公里。该桥为当时世界上最长的跨海湾大桥，于2003年11月14日开工建设。

5月2日　福建液化天然气（LNG）站线项目接卸首船液化天然气。该项目是中国内陆第一个由国内企业自主引进、建设、管理的大型液化天然气项目。

5月12日　四川汶川发生8.0级特大地震。交通运输各部门迅速启动国家突发事件应急一级预案，投入抗震救灾工作。5月18日，张德江到交通运输部等部门检查指导工作并就四川汶川抗震救灾工作作出指示，要求一切为了抗震救灾，确保交通通信畅通。

图为首列救灾物资通过宝成线运往四川

图为公路系统映秀段抢通攻坚

图为海事巡逻艇运送抢险部队

图为民航调集飞机运送执行抗震救灾任务的部队官兵现场

图为重伤者被救援人员抱上救援直升机的场景

（以上图片分别由中国国家铁路集团有限公司档案史志中心、四川省交通运输厅、交通运输部海事局、中国民用航空局档案馆、交通运输部救助打捞局提供）

图为苏通长江公路大桥实景（葛克平 摄）

6月17日 习近平与朝鲜民主主义人民共和国最高人民会议常务委员会副委员长杨亨燮在平壤共同见证中国与朝鲜重新签订《中华人民共和国政府和朝鲜民主主义人民共和国政府航空运输协定》。

6月30日 江苏苏通长江公路大桥建成通车，全长34.2公里，主跨1088米。该桥创造了最大主跨、最深塔基、最高桥塔、最长拉索四项桥梁世界纪录，于2003年6月27日开工建设。

7月4日 海峡两岸正式开通周末包机直航。

8月1日 （北）京（天）津城际铁路通车运营，标志着中国开始迈入高铁时代。该铁路全长120公里，是中国第一条拥有完全自主知识产权、具有世界一流水平的高速铁路，于2005年7月开工建设。到2018年底，中国高速铁路营业里程超过2.9万公里。

10月31日 国家发展和改革委员会批准印发《中长期铁路网规划（2008年调整）》。新方案将2020年全国铁路营业里程规划目标由10万公里调整为12万公里以上，其中客运专线由1.2万公里调整为1.6万公里，电化率由50%调整为60%，主要繁忙干线实现客货分线，基本形成布局合理、结构清晰、功能完善、衔接顺畅的铁路网络，运输能力满足国民经济和社会发展需要，主要技术装备达到或接近国际先进水平。

图为"和谐号"动车组驶出北京南站（原瑞伦 摄）

11月4日 海峡两岸关系协会和台湾海峡交流基金会签署《海峡两岸空运协议》《海峡两岸海运协议》《海峡两岸邮政协议》《海峡两岸食品安全协议》4项协议。12月15日，海峡两岸分别在北京、天津、上海、福州、深圳以及台北、高雄、基隆等城市同时举行海上直航、空中直航以及直接通邮的启动和庆祝仪式。两岸"三通"迈出历史性步伐。

11月5日 国务院常务会议确定进一步扩大内需、促进经济增长的10项措施。其中包括加快铁路、公路和机场等重大基础设施建设。重点建设一批客运专线、煤运通道项目和西部干线铁路，完善高速公路网，安排中西部干线机场和支线机场建设。

11月27日 贵州镇（宁）胜（境关）高速公路北盘江大桥通车，其主跨636米单跨双铰、钢桁加劲梁悬索桥，大桥全长1020米，桥梁净高330米，为当时中国最大跨径的钢桁梁悬索桥。该桥于2005年10月26日开工建设。

12月17日 胡锦涛与安哥拉共和国总统多斯桑托斯共同见证中国与安哥拉签署《中华人民共和国政府和安哥拉共和国政府航空运输协定》。

同日 温家宝主持召开国务院第四十次常务会议，决定出台成品油价格和税费改革方案。12月18日，中央政治局常委会听取成品油价格和税费改革有关情况汇报，同意出台改革方案。同日，国务院印发《国务院关于实施成品油价格和税费改革的通知》，明确成品油税费改革自2009年1月1日起实施。2009年1月1日，交通运输部取消在成品油价外征收的公路养路费、航道养护费、公路运输管理费、公路客货运附加费、水路运输管理费、水运客货运附加费6项收费，并逐步有序取消政府还贷二级公路收费。

12月22日 财政部、国家发展和改革委员会、交通运输部、监察部、审计署印发《关于公布取消公路养路费等涉及交通和车辆收费项目的通知》。

12月26日 中国海军第一批护航编队从海南三亚军港起航，前往亚丁湾海域执行护航任务。中国海事局选派优秀船长和人员协助配合海军做好相关护航工作。

12月28日 被誉为"万里长江第一隧"的武汉长江公路隧道通车试运行，全长3.63公里，为双线双车道，设计行车时速为50公里，是中国修建的第一条长江公路隧道。该隧道于2004年11月28日开工建设，是当时中国地质条件最复杂、工程技术含量最高、施工难度最大的江底隧道工程。2018年10月1日，"万里长江公铁第一隧"武汉长江公铁隧道正式通车。该隧道上层走汽车，下层跑地铁，全长2.6千米，直径达15.2米，于2014年开工建设。

二〇〇九年

1月9日 青藏铁路项目荣获 2008 年度国家科技进步奖特等奖。青藏铁路建设攻克了多年冻土、高寒缺氧、生态脆弱三大世界性工程难题,极大地推动了多年冻土工程、高原医学和环境保护等领域的科技进步,总体技术达到国际领先水平。

2月27日 国务院办公厅印发《关于转发发展改革委 交通运输部 财政部逐步有序取消政府还贷二级公路收费实施方案的通知》。

3月2日 国务院办公厅印发《交通运输部主要职责内设机构和人员编制规定》。

4月1日 石(家庄)太(原)铁路客运专线开通运营,全长 212 公里。这是中国首条山区客运专线,于 2005 年 6 月 11 日开工建设。

4月13日 国务院颁布《民用机场管理条例》,自 7 月 1 日起施行。

4月14日 国务院印发《关于推进上海加快发展现代服务业和先进制造业建设国际金融中心和国际航运中心的意见》。2010 年 1 月 28 日,交通运输部与上海市人民政府在上海签署《加快推进国际航运中心建设合作备忘录》。

4月29日 重庆朝天门大桥通车,全长 1721 米,主桥为三跨连续中承式钢桁系杆拱桥。该桥为当时世界第一拱桥,于 2004 年 12 月 29 日开工建设。

5月1日 中国海上搜救中心徽标在全国统一启用。

图为中国海上搜救中心徽标

5月 国务院批准由交通运输部会同国家发展和改革委员会、水利部、财政部编制的《长江干线航道总体规划纲要》。

7月1日 洛(阳)湛(江)铁路永州—玉林段开通,全长 560.638 公里,标志着 1999 年铁道部提出的"八纵八横"铁路网主骨架顺利建成。该路段于 2004 年 12 月开工建设。

9月28日 广东东莞东江大桥建成通车,全长 1499 米。该桥为中国首座双层公路大桥,双向十四车道,于 2006 年 8 月 8 日开工建设。

10 月 7 日　胡锦涛考察北京市交通工作时指出，交通问题是关系群众切身利益的重大民生问题，也是各国大城市普遍遇到的难题。要解决城市交通问题，必须充分发挥公共交通的重要作用，为广大群众提供快捷、安全、方便、舒适的公交服务，使广大群众愿意乘公交、更多乘公交。

10 月 31 日　上海崇明越江通道建成通车，全长 25.5 公里。工程起于上海市浦东新区的五号沟，以隧道形式穿越长江口南港水域，到达长兴岛，以桥梁形式跨越长江口北港水域到崇明县的陈家镇。该通道是当时世界上最大规模的隧桥结合工程，于 2004 年 12 月 28 日开工建设。

11 月 2 日—5 日　在第 62 届国际航空安全研讨会期间，国际飞行安全基金会授予中国民用航空局全球唯一"世界民航安全杰出贡献奖"。

11 月 10 日　张德江会见来华参加上海合作组织交通部长第四次会议的哈萨克斯坦、吉尔吉斯斯坦、俄罗斯、塔吉克斯坦、乌兹别克斯坦、印度、伊朗、蒙古、巴基斯坦和特邀国阿富汗的交通部长和部长代表。他指出，各方应共同携手，把交通运输合作作为重点优先合作方向，认真履行此次会议达成的共识，共同制订上合组织区域公路协调发展规划，确定公路等交通基础设施优先建设项目，并尽快完成上合组织国际道路运输便利化协定以及附件的所有工作，从而为本区域便利运输提供良好的法律基础。

11 月 19 日　中国米制缩小飞行垂直间隔高度层配备标准正式生效成为国际民航组织标准。这是中国民航运行标准首次被国际民航组织采纳。

12 月 12 日　胡锦涛与哈萨克斯坦总统纳扎尔巴耶夫在阿斯塔纳共同出席中哈天然气管道竣工仪式。

12 月 14 日　胡锦涛同土库曼斯坦总统别尔德穆哈梅多夫、哈萨克斯坦总统纳扎尔巴耶夫、乌兹别克斯坦总统卡里莫夫共同出席在土库曼斯坦阿姆河右岸巴哥德雷合同区第一天然气处理厂举行的中亚天然气管道通气仪式。四国元首致辞后，共同打开管道启动阀门，中国—中亚天然气管道成功实现通气。

图为"世界民航安全杰出贡献奖"证书

图为哈萨克斯坦段锡尔河施工现场场景（图片由国家能源局提供）

图为西堠门大桥实景（图片由《中国公路》杂志社提供）

12 月 19 日　沪（上海）蓉（成都）高速公路湖北段建成通车，全长 320 公里。该项目于 2004 年 8 月 20 日开工建设。其中，四渡河特大桥是当时世界上最高的桥梁；龙潭河特大桥最大墩高 178 米，建成时在世界同类桥梁中排名第一。

12 月 25 日　浙江舟山连岛工程西堠门大桥建成通车。该桥为悬索桥，主跨 1650 米，居当时国内第一、世界第二。该桥于 2005 年 5 月 20 日开工建设。

12 月 26 日　武（汉）广（州）高速铁路投入运营，全长 1069 公里。该铁路运营时速 350 公里，于 2005 年 6 月 23 日开工建设。

同日　武汉天兴洲公铁两用长江大桥通车。该桥于 2004 年 9 月 28 日开工建设，其主桥长 4657 米，创造了跨度、荷载、设计通行速度、宽度四项世界第一。

12 月 31 日　交通运输部、国家发展和改革委员会、公安部、海关总署、保险监督管理委员会印发《关于促进甩挂运输发展的通知》。

本年　新华社报道，宁波舟山港完成货物吞吐量 5.77 亿吨，成为世界货物吞吐量第一大港。

图为列车行驶在衡阳湘江特大桥上（罗春晓 摄）

二〇一〇年

1月19日　交通运输部印发《关于建立海（水）上突发事件应急处置区域联动合作机制的通知》，明确在全国沿海及长江干线建立4个合作区域。

1月30日　中国铁路客户服务中心（12306网）开通试运行。2011年6月12日，京津城际铁路开始试行网络售票。2011年9月30日，动车组列车实施网上订票。2011年11月20日，"Z"字头直达特快列车车票全部实施网上订票。2011年12月23日，网络售票覆盖所有车次。

1月30日—3月10日　春运期间，火车票实名制购票正式推行。2011年6月1日，全国所有动车组列车实行实名制购票。2012年1月1日，全国铁路所有车次均实行实名制购票。

2月1日　亚洲船级社协会在印度尼西亚成立，中国船级社当选为该协会首任主席。

2月6日　郑（州）西（安）高速铁路开通，全长505公里。该铁路是中国在中西部湿陷性黄土地区建设的首条高速铁路，于2005年9月25日开工建设。

2月25日　中国民用航空局发布《建设民航强国的战略构想》，提出到2030年，全面建成安全、高效、绿色的现代化民用航空体系，实现从民航大国向民航强国的历史性转变。

3月10日　财政部、交通运输部印发《财政部 交通运输部关于印发〈长江干线船型标准化补贴资金管理办法〉的通知》。

3月13日　西沙海事局在西沙永兴岛挂牌。这是中国在南海群岛上设立的第一个海事机构。

4月14日　青海玉树县发生7.1级地震。交通运输各部门立即启动国家交通运输突发事件应急一级响应，全力抗震救灾。8月19日，中共中央、国务院在西宁召开青海玉树全国抗震救灾总结表彰大会。交通运输行业共有13个集体和18名个人分别获得"全国抗震救灾英雄集体"和"全国抗震救灾模范"荣誉称号。

图为翔安隧道实景（图片由《中国公路》杂志社提供）

4月26日　福建厦门翔安海底隧道建成通车，全长8.69公里，其中海底隧道6.05公里，双向六车道。该隧道是中国大陆首条海底隧道，于2005年4月30日开工建设。

6月25日　第十一届全国人民代表大会常务委员会第十五次会议通过《中华人民共和国石油天然气管道保护法》，自2010年10月1日起施行。这是中国第一部保护石油天然气管道的法律。

7月1日　沪（上海）宁（南京）城际高速铁路开通运营，线路全长301公里，设计时速为350公里，于2008年7月1日开工建设。这是当时世界上标准最高、里程最长、运营速度最快的城际高速铁路。

7月16日　大连新港中石油原油储备库输油管线发生爆炸，导致大量陆源原油泄漏入海。交通运输部协调有关单位投入消防灭火、围控油污和海上清污工作。经过46天的奋战，海上油污清除工作全面完成。

8月8日　甘肃舟曲藏族自治县发生特大山洪泥石流灾害，多条公路受损。交通运输各部门立即启动突发事件应急预案，组织力量赶赴灾区现场指导抢通保通、参与抢险救灾工作。

9月16日　海峡两岸搜救机构在厦（门）金（门）海域举行海上联合搜救演练。这是海峡两岸首次举行海上联合搜救演练。

图为海上联合搜救演练现场（图片由中国海上搜救中心提供）

9月27日　中国—俄罗斯原油管道工程全线竣工。胡锦涛、俄罗斯总统梅德韦杰夫在北京共同出席竣工仪式。中俄原油管道是俄罗斯"东西伯利亚—太平洋"石油管道的中国支线。"东西伯利亚—太平洋"管线西起伊尔库茨克州的泰舍特，东至俄罗斯太平洋沿岸的科济米诺湾，全长4000多公里。其中国支线起自俄罗斯远东原油管道斯科沃罗季诺分输站，穿越中国漠河县边境，途经黑龙江省和内蒙古自治区13个县市区，止于大庆末站，管道全长1000余公里。2009年5月18日，王岐山出席中俄原油管道中国境内段工程开工仪式。2010年11月1日，中俄原油管道进入试运行阶段。自2011年1月1日起，俄罗斯通过此管道每年向中国供应1500万吨原油，合同期20年。2016年8月13日，中俄原油管道二线工程开工建设，2018年1月1日正式投产。

10月21日—29日　由国际道路联盟主办，中国公路学会、山东省交通运输厅承办的第二届世界农村公路大会在济南召开。大会旨在推动全球农村公路建设和农村减贫。

12月3日　中国南车股份有限公司研发的CRH380A型新一代"和谐号"动车组，在京沪高速铁路枣庄—蚌埠间试验段，创造了时速486.1公里的世界铁路运营试验速度最高纪录。

二〇一一年

1月17日 两架 A109S 直升机列编广东海事局。这标志着中国海事执法实现由单一水上执法到"海陆空"三位一体执法的跨越。

1月21日 国务院印发《关于加快长江等内河水运发展的意见》，要求构建畅通、高效、平安、绿色的现代化内河水运体系。

2月22日—3月5日 因利比亚国内形势发生重大变化，中国政府分批组织船舶、飞机，安全有序撤离中国在利比亚人员（包括港澳台同胞）35860人。这是新中国成立以来最大规模的有组织撤离海外中国公民行动。

图为撤离利比亚的中国公民（图片由中国民用航空局档案馆提供）

3月24日 张德江出席国家内河高等级航道"十二五"建设启动仪式。

5月3日—11日 应台湾中华搜救协会的邀请，东海救助局所属"东海救113"轮访问台湾。这是60多年来大陆公务船首次跨越台湾海峡。

5月26日 江苏如东液化天然气接收站码头投运。这是中国第一座自主设计、建设的液化天然气接收站。

6月10日 交通运输部、国家发展和改革委员会、财政部、监察部、国务院纠正行业不正之风办公室印发《关于开展收费公路专项清理工作的通知》。

6月13日 长江水运发展协调领导小组第三次会议在江西南昌召开。交通运输部与上海市、江苏省、安徽省、江西省、湖北省、湖南省、重庆市、四川省、云南省人民政府共同签署《"十二五"期长江黄金水道建设总体推进方案》《关于进一步加快推进长江干线船型标准化的合作协议》。

6月15日 江苏液化天然气项目外输跨海管道工程竣工。该管道跨海长度10.763公里，是当时世界跨度最长的天然气跨海管道，于2008年1月开工建设。

图为京沪高铁南京大胜关长江大桥（丁万斌摄）

6月30日 （北）京沪（上海）高铁开通运营，全长1318公里，是世界上一次性建成线路最长、标准最高的高速铁路，于2008年4月18日开工建设。2006年2月22日，国务院常务会议批准京沪高速铁路项目建议书。2007年12月27日，京沪高速铁路股份有限公司在北京成立。

同日 山东青岛胶州湾海底隧道通车运营，全长7800米，海底部分长3950米。该隧道是中国当时最长的海底隧道，于2006年12月27日开工建设。

7月15日 "南澳I号"考古发掘保护打捞工程由广州打捞局在汕头南澳海域完成。

7月17日 习近平出席拉萨至贡嘎机场高速公路通车典礼。该公路全长38公里，于2009年4月28日开工建设。该公路的通车结束了西藏没有高等级公路的历史。

8月23日 国际海上人命救助联盟亚太交流中心在上海成立。这是国际海上人命救助联盟在全球范围内的首个区域性海外分支机构。

9月20日 国务院国人字〔2011〕96号：国务院2011年9月20日决定，任命李国华为中国邮政集团公司总经理；免去刘安东的中国邮政集团公司总经理职务。

9月21日　吴邦国与乌兹别克斯坦最高会议参议院主席萨比罗夫共同见证中乌两国政府在乌签署《中亚天然气管道C线建设和运营协议》。

10月12日　铁道部、交通运输部印发《关于加快铁水联运发展的指导意见》，启动首批集装箱铁水联运通道示范项目。

11月30日　"海峡号"高速客滚轮首航台湾地区，标志着平潭—台中的海上航线开通。

12月26日　国务院办公厅印发《关于进一步促进道路运输行业健康稳定发展的通知》。

12月28日　张德江到交通运输部调研。他强调，要深入贯彻落实科学发展观，全面落实中央经济工作会议精神，把握稳中求进的工作总基调，围绕建设安全畅通便捷绿色交通运输体系总目标，更加重视交通运输安全，更加重视交通运输改革创新，更加重视区域、城乡交通运输协调发展，更加重视综合运输体系建设，更加重视提高服务能力和水平，更好地满足经济社会发展和人民群众日益增长的交通运输需要，全面提高交通运输事业科学发展水平。

图为"海峡号"高速客滚轮

二〇一二年

1月20日 国务院办公厅印发《关于完善省级以下邮政监管体制的通知》，提出进一步深化改革，健全邮政监管体系，在全国设置357个市（地）级邮政管理局和邮政监管派出机构；实行中央和地方双重管理，以中央为主的管理体制；进一步推进政企分开，中国邮政集团公司设在市（地）、县的邮政企业不再使用"邮政局"名称，更名为"邮政分公司"。

2月16日 习近平在美国访问期间，参观考察中国海运洛杉矶码头。

3月31日 湖南矮寨特大悬索桥建成通车，全长1176米，为当时世界峡谷跨径最大悬索桥。该桥于2007年10月开工建设。

6月14日 国务院印发《"十二五"综合交通运输体系规划》。

7月8日 国务院印发《关于促进民航业发展的若干意见》。这是新中国成立以来第一部全面指导民航业发展的纲领性文件，标志着国家将民航业发展上升为国家战略。

图为湖南矮寨特大悬索桥（邓林摄）

7月24日 交通运输部、国家发展和改革委员会、财政部、监察部、国务院纠正行业不正之风办公室印发《重大节假日免收小型客车通行费实施方案》，明确7座及以下小型客车在春节、清明节、劳动节以及国庆节4个法定节假日免收高速公路通行费。

8月6日 中国首艘300米饱和潜水工作母船"深潜号"交付上海打捞局。

8月16日 胡锦涛与哥斯达黎加共和国总统劳拉·钦奇利亚·米兰达在北京共同见证中哥两国政府签署《中国和哥斯达黎加民航当局关于便利建立中哥航班联系的谅解备忘录》。

8月28日 长江南京以下12.5米深水航道一期工程开工。这是中国"十二五"期间最大的内河水运工程。2018年5月8日，长江南京以下12.5米深水航道二期工程试运行，南京—长江出海口431公里的12.5米深水航道全线贯通。2019年5月20日，二期工程通过竣工验收，进入正式运行阶段。通航以后，5万吨级的海船可以从长江口直达南京。

8月31日 中华人民共和国主席令（第六十一号）：根据中华人民共和国十一届全国人大常委会第二十八次会议于2012年8月31日的决定：免去李盛霖的交通运输部部长职务，任命杨传堂为交通运输部部长。

9月14日 交通运输部批准东海、北海、南海3个航海保障中心成立，分别委托天津、上海、广东海事局管理。2018年7月1日，调整为由交通运输部海事局直接管理。

9月29日 中国海油浙江液化天然气（LNG）码头首次成功接卸全球最大型Q-Max船，开了国内靠泊一艘LNG船舶同时对两个储罐进行置换、遇冷和卸料的先河，并独立自主完成卸料、储存、火炬等系统的置换、预冷和填充。

10月1日 长江航道局自主研发的长江电子航道图（2.0版）上线运行。

10月13日 国务院批准建立由交通运输部牵头的国家重大海上溢油应急处置部际联席会议制度。

10月31日 中国救助功能最齐全、技术最先进的远洋救助船"东海救101"轮列编。

11月25日 江苏泰州长江大桥建成通车，全长6.821公里，跨江主桥为2×1080米三塔双跨钢箱梁悬索桥，是当时世界上最大跨径的三塔悬索桥。该桥于2007年12月26日开工建设。

图为动车组列车行驶在哈大高速铁路上（罗春晓 摄）

12月1日　哈（尔滨）大（连）高速铁路开通，全长921公里。该高铁设计时速为350公里，是世界首条在高寒地区修建的高速铁路，于2007年8月23日开工建设。

12月26日　（北）京广（州）高速铁路北京—郑州段开通运营，与此前已经开通运营的郑州至武汉、武汉至广州段连接，从而实现北京至广州全线贯通。该高铁全长2298公里，是世界运营里程最长的高铁线路，设计时速350公里，于2005年6月23日开工建设。

12月29日　国务院印发《关于城市优先发展公共交通的指导意见》，标志着中国城市公共交通发展进入新的历史时期。

图为动车组列车行驶在京广高铁上（罗春晓 摄）

二〇一三年

3月14日　第十二届全国人大一次会议审议通过《国务院机构改革和职能转变方案》。方案提出，将铁道部拟订铁路发展规划和政策的行政职责划入交通运输部。交通运输部统筹规划铁路、公路、水路、民航发展，加快推进综合交通运输体系建设。组建国家铁路局，由交通运输部管理，承担铁道部的其他行政职责，负责拟订铁路技术标准，监督管理铁路安全生产、运输服务质量和铁路工程质量等。组建中国铁路总公司，承担铁道部的企业职责，负责铁路运输统一调度指挥，经营铁路客货运输业务，承担专运、特运任务，负责铁路建设，承担铁路安全生产主体责任等。不再保留铁道部。

同日　国务院印发《关于组建中国铁路总公司有关问题的批复》，中国铁路总公司成立。中国铁路总公司是由中央管理的国有独资企业，由财政部代表国务院履行出资人职责，交通运输部、国家铁路局依法对公司进行行业监管。2019年6月18日，经国务院批准，中国铁路总公司改制成立中国国家铁路集团有限公司。

3月16日　中华人民共和国主席令（第二号）：根据中华人民共和国第十二届全国人民代表大会第一次会议的决定：任命杨传堂为交通运输部部长。

3月19日　中共中央组织部宣布中国铁路总公司、国家铁路局领导班子组成决定：盛光祖任中国铁路总公司总经理、党组书记。

同日　国务院国人字〔2013〕32号：任命陆东福为交通运输部副部长、国家铁路局局长。

3月21日　国务院办公厅印发《国家铁路局主要职责内设机构和人员编制规定》。明确国家铁路局主要职责，规定国家铁路局设7个内设机构和机关党委；国家铁路局设沈阳、上海、广州、成都、武汉、西安、兰州7个地区铁路监督管理局。

4月16日　中国海事部门当时规模最大、装备最先进、兼具海事巡航监管和救助功能的综合执法船"海巡01"轮列编上海海事局。

同日　交通运输部召开直属海事系统"三定"方案视频动员会议。这标志着自2010年5月12日起开始的直属海事系统"核编转制"工作结束。至此，直属海事系统进入行政管理序列，实行公务员管理。

4月25日　习近平与法国总统弗朗索瓦·奥朗德在北京共同见证中法两国政府签署《中国民用航空局和法国交通、海洋与渔业事务主管部门在民用航空领域合作的意向声明》。

5月24日　经国务院批准，财政部、国家税务总局印发《关于在全国开展交通运输业和部分现代服务业营业税改征增值税试点税收政策的通知》。明确自8月1日起，在全国范围内开展交通运输业和部分现代服务业营改增试点。12月12日，经国务院批准，财政部、国家税务总局印发《关于将铁路运输和邮政业纳入营业税改征增值税试点的通知》。明确自2014年1月1日起，在全国范围内开展铁路运输和邮政业营改增试点。

6月20日　在国务院新闻办公室举行的新闻发布会上，交通运输部印发《国家公路网规划（2013—2030年）》。根据该规划，国家公路网由不收费的普通国道和收费的国家高速公路两个路网构成。普通国道网由12条首都放射线、47条北南纵线、60条东西横线和81条联络线组成，总规模约26.5万公里。国家高速公路网由7条首都放射线、11条北南纵线、18条东西横线，以及地区环线、并行线、联络线等组成，总里程约11.8万公里。

6月27日　国际民航组织在北京设立亚太地区分办事处。这是国际民航组织设立的第一个地区分办事处。

7月10日　伊宁—霍尔果斯煤制气管道第一阶段投产成功。该管道线路全长64公里，是国内首条大口径煤制气外输管道，年设计输量为300亿立方米。工程于2011年5月开工建设。

7月21日　习近平在考察武汉新港阳逻集装箱港区时指示，要大力发展现代物流业，长江流域要加强合作，充分发挥内河航运作用，发展江海联运，把全流域打造成黄金水道。

7月28日　中国—缅甸天然气管道（缅甸段）投产通气仪式在缅甸曼德勒举行。该管道设计年输气量为120亿立方米。10月20日，该管道干线建成投产，全长约2520公里，缅甸段793公里，国内段1726.8公里。

8月9日　国务院印发《国务院关于改革铁路投融资体制加快推进铁路建设的意见》。明确推进铁路投融资体制改革、完善铁路运价机制、建立铁路公益性政策性运输补贴制度、加大力度盘活铁路用地资源、强化企业经营管理、加快项目前期工作6个方面的具体要求。

图为中缅天然气管道施工现场场景（图片由国家能源局提供）

8月17日　国务院颁布《铁路安全管理条例》，自2014年1月1日起施行。2004年12月27日国务院颁布的《铁路运输安全保护条例》同时废止。

8月25日—9月25日　中远航运股份有限公司所属"永盛"轮完成北冰洋航道首航任务。这是中国商船首次尝试经北极航道到达欧洲。

9月1日　铁路部门实行新的火车票退票和改签办法，推出火车票全国通退通签业务。

9月7日　习近平在哈萨克斯坦纳扎尔巴耶夫大学发表演讲，倡议用创新的合作模式，共同建设"丝绸之路经济带"。10月3日，习近平在印度尼西亚国会发表演讲，提出共同建设21世纪"海上丝绸之路"的倡议。两者共同构成了"一带一路"倡议。在推进"一带一路"倡议的实施过程中，交通互联互通成为基础和重点。

同日　习近平同哈萨克斯坦总统纳扎尔巴耶夫共同出席在阿斯塔纳举行的中哈天然气管道二期第一阶段（巴佐伊—奇姆肯特段）工程开通仪式。该段全长1143公里，设计年输气能力100亿立方米。

9月29日　受强台风"蝴蝶"影响，西沙海域39艘船舶、699名人员遇险。交通运输部迅速召集国家海上搜救部际联席会议成员单位，组织搜救。这是新中国成立以来，协调开展的部门最多、力量最强、规模最大的海陆空立体搜救行动。

10月25日　李克强与蒙古国总理阿勒坦呼亚格在北京共同见证中蒙两国政府签署《中华人民共和国政府和蒙古国政府关于民用航空器搜寻与援救协议》。

10月31日　西藏墨脱公路建成通车，全长117公里。至此，中国真正实现县县通公路。该公路于2009年4月开工建设。其工程难度之大、施工条件之艰苦为世界公路史上所罕见。早在1975年墨脱公路便开始修建，到1979年，通至88公里处，但各路段灾害不断。之后经过不断尝试，墨脱公路于1994年2月1日实现粗通。1995年至1997年整修过一次，但终因灾害太多而中断。

左图为1982年勘察人员穿过崩坍路段（徐永泰摄）右图为2013年通车后的墨脱公路实景

11月1日 兰州—郑州—长沙成品油管道工程干线全线建成投产，全长 2737.8 公里，其中干线全长 2080 公里，支线全长 657.8 公里，年最大输送量为 1500 万吨。该工程是国内一次性建成最长、口径最大的成品油管道工程。

11月25日 国际海事组织第 110 届理事会授予中国水手杨金国"2013 年海上特别勇敢奖"奖章。这是中国人首次获得世界海上搜救的最高荣誉奖。

11月 中国海油天津浮式液化天然气（LNG）项目通过机械完工及安全检查验收，标志着国内首个浮式 LNG 项目陆上配套浮式系统建成。

12月5日 交通运输部、财政部、国家发展和改革委员会、工业和信息化部印发《关于老旧运输船舶和单壳油轮提前报废更新实施方案的通知》，明确对海运老旧运输船舶和单壳油轮提前报废更新给予财政补助政策支持。

12月12日 国际铁路联盟第八十三次全体会议在法国巴黎召开，会议确认国家铁路局为国际铁路联盟正式成员。

图为中海油天津浮式 LNG 项目实景（图片由国家能源局提供）

二〇一四年

1月9日　习近平对民航安全工作作出指示，民航较长时间确保了运输航空安全，成绩来之不易，全行业要切实防止松懈麻痹思想，进一步加强和改进安全工作，确保人员素质、安全管理、设施设备等跟得上民航的发展。

1月12日　上海打捞局完成313.5米饱和潜水作业，刷新了中国饱和潜水作业新纪录。

2月25日　习近平在北京考察时指示，要把解决交通拥堵问题放在城市发展的重要位置，加快形成安全、便捷、高效、绿色、经济的综合交通体系。

同日　李克强与特立尼达和多巴哥总理卡姆拉·帕塞得·比塞萨尔在北京共同见证中特两国政府签署《中国民用航空局与特立尼达和多巴哥共和国运输部谅解备忘录》。

3月4日　习近平在关于农村公路发展情况的报告上作出批示，要求进一步把农村公路建好、管好、护好、运营好。他指出，近十年来农村公路建设成绩斐然，为改善农民生产生活条件作出了重要贡献。交通基础设施建设具有很强的先导作用，特别是在一些贫困地区，改一条溜索、修一段公路就能给群众打开一扇脱贫致富的大门。同时强调，在新形势下，农村公路建设要因地制宜、以人为本，与优化村镇布局、农村经济发展和广大农民安全便捷出行相适应。要通过创新体制、完善政策，进一步把农村公路建好、管好、护好、运营好，逐步消除制约农村发展的交通瓶颈，为广大农民致富奔小康提供更好的保障。2016年9月，习近平叮嘱，"要想富，先修路"不过时，"四好农村路"建设是总结经验，特别是成功经验所提出的，要认真落实，久久为功。2017年12月26日，习近平再次指出，"四好农村路"建设取得了实实在在的成效，为农村特别是贫困地区带去了人气、财气，也为党在基层凝聚了民心。

3月8日　马来西亚航空公司MH370客机失联。交通运输部立即启动国家海上搜救部际联席会议工作机制，协调派出搜救力量前往相应海域搜寻。

4月9日　财政部、交通运输部印发《财政部 交通运输部关于印发〈内河船型标准化补贴资金管理办法〉的通知》。

4月24日　荔湾3-1气田至高栏终端国内压力最高的天然气输送管道建成投产。该管道长261公里、直径为30英寸，设计输送压力为24兆帕、设计输送能力为120亿立方米／年，开了国内1500米水深开采天然气的先河。

4月29日　李克强在重庆主持召开座谈会，研究依托黄金水道建设长江经济带，为中国经济持续发展提供重要支撑。

5月31日　交通运输部印发《关于加强专业救助打捞工作的意见》。

6月3日　李克强与科威特首相贾比尔共同见证中科两国政府签署新的《中华人民共和国政府和科威特国政府航班协定》。

同日　交通运输部印发《关于推进港口转型升级的指导意见》。

6月25日　国家发展和改革委员会、财政部、交通运输部印发《铁路发展基金管理办法》。

6月26日　全国首家县级邮政管理机构在浙江省义乌市挂牌。

6月29日　针对铁路政企分开后的企业特点，中国铁路总公司制定印发第一版《铁路技术管理规程》。

7月29日　国务院办公厅印发《关于支持铁路建设实施土地综合开发的意见》。

8月15日　国务院印发《关于促进海运业健康发展的若干意见》，首次提出"海运强国"。

同日　拉（萨）日（喀则）铁路开通运营，全长251公里。该铁路为青藏铁路的首条延伸线，是世界海拔最高的铁路，于2010年9月开工建设。

8月19日　习近平与乌兹别克斯坦总统卡里莫夫共同见证中乌两国政府签署《中国—乌兹别克斯坦天然气管道D线企业间协议》和《穆巴列克天然气化工厂合作备忘录》。

8月　习近平就川藏、青藏公路通车60周年作出批示，要求进一步弘扬"两路"精神，助推西藏发展。习近平指出，今年是川藏、青藏公路建成通车60周年。这两条公路的建成通车，是在党的领导下新中国取得的重大成就，对推动西藏实现社会制度历史性跨越、经济社会快速发展，对巩固西南边疆、促进民族团结进步发挥了十分重要的作用。当年，10多万军民在极其艰苦的条件下团结奋斗，创造了世界公路史上的奇迹，结束了西藏没有公路的历史。60年来，在建设和养护公路的过程中，形成和发扬了一不怕苦、二不怕死，顽强拼搏、甘当路石，军民一家、民族团结的"两路"精神。习近平强调，新形势下，要继续弘扬"两路"精神，养好两路，保障畅通，使川藏、青藏公路始终成为民族团结之路、西藏文明进步之路、西藏各族同胞共同富裕之路。

9月1日 张高丽与俄罗斯总统普京在雅库茨克共同出席中俄东线天然气管道俄境内段开工仪式。该管道全长 2680 公里。2015 年 6 月 29 日，中俄东线天然气管道中国段开工。张高丽出席开工仪式，俄罗斯联邦政府总理梅德韦杰夫在莫斯科分会场致辞。中俄东线天然气管道中国段起自黑龙江省黑河市中俄边境，止于上海市，新建管道 3170 公里，并行利用已建管道 1800 公里，是中国口径最大、压力最高的长距离天然气输送管道。

9月12日 国务院印发《物流业发展中长期规划（2014—2020 年）》。

9月13日 习近平与塔吉克斯坦总统拉赫蒙在杜尚别共同出席中国—中亚天然气管道 D 线塔吉克斯坦段开工仪式。两国元首分别发表讲话并为工程揭幕。该管道全长 1000 公里，其中塔方境内段长约 410 公里，设计年输气量为 300 亿立方米。

9月24日 国务院常务会议决定，全面开放国内包裹快递市场，对符合许可条件的外资快递企业，按核定业务范围和经营地域发放经营许可。

10月20日 新华社报道，中国快递业务量首次突破 100 亿件。2014 年全年快递服务企业业务量完成 139.6 亿件，跃居世界第一。

图为中俄东线天然气管道工程中国境内段开工（宋福来摄）

11月22日 交通运输部、国家发展和改革委员会印发《关于放开港口竞争性服务收费有关问题的通知》，明确进一步完善港口收费政策，对竞争性服务收费标准实行市场调节，自2015年1月1日起执行。12月1日，交通运输部印发《关于明确港口收费有关问题的通知》，进一步明确港口收费实际操作。2015年12月29日，交通运输部、国家发展和改革委员会印发《港口收费计费办法》，自2016年3月1日起执行。该办法于2017、2019年修订。

11月23日 北斗卫星导航系统获国际海事组织认可，成为第三个全球卫星导航系统。

12月1日 国家铁路局印发《高速铁路设计规范》行业标准，自2015年2月1日起实施。这是中国第一部高速铁路设计行业标准。

12月26日 贵（阳）广（州）高铁全线贯通，全长857公里。该铁路包括238座隧道、504座桥梁，于2008年10月13日开工建设。

同日 兰（州）新（乌鲁木齐）客运专线全线贯通，其中乌鲁木齐南—哈密段于2014年11月16日开通。该线全长1777公里，是世界上一次性建成通车里程最长的高速铁路。

12月28日 第十二届全国人民代表大会常务委员会表决通过《中华人民共和国航道法》，自2015年3月1日起施行。该法于2016年7月2日修正。

12月29日 国家铁路局印发《城际铁路设计规范》行业标准，自2015年3月1日起实施。这是中国第一部城际铁路建设的行业标准。

12月31日 交通运输服务监督电话"12328"全国开通运行，为出行群众和行业从业人员提供交通运输方面的信息咨询、投诉举报和意见建议等服务。

二〇一五年

1月20日 习近平考察昆明火车南站，听取"八出省、四出境"铁路通道重要枢纽以及建设面向西南大通道等情况和昆明火车南站规划、建设情况，并对铁路建设工作作出指示。

3月11日 在国际民航组织第204届理事会上，时任国际民航组织行政服务局局长柳芳当选为该组织新一任秘书长。这是国际民航组织历史上第一位中国籍秘书长，也是首位女性秘书长。2018年3月15日—16日，在国际民航组织第213届理事会上，柳芳成功连任。

5月5日 国家铁路局向中国首列CRH6A新型城际动车组颁发型号合格证和制造许可证，标志着CRH6A新型城际动车组具备了批量生产和正式上线载客运营的条件。

6月1日 重庆东方轮船公司的"东方之星"轮从南京驶往重庆途中突遇罕见强对流天气，在长江中游湖北监利水域沉没。6月2日凌晨，交通运输部启动一级应急响应，成立"东方之星"号客轮翻沉事件应急工作领导小组。6月5日，"东方之星"轮整体扶正起浮，经确认共有442人遇难。12月30日，国务院发布事件调查报告，认定"东方之星"号客轮翻沉事件是一起由突发罕见的强对流天气（飑线伴有下击暴流）带来的强风暴雨袭击导致的特别重大灾难性事件。

6月5日 西江航运干线长洲水利枢纽第四线船闸建成并试通航。长洲水利枢纽四座船闸单向年总通过能力提升至1.36亿吨，成为世界上通过能力最大的内河船闸群。

6月29日 国家邮政局宣布，历时5年、涉及29省、自治区、直辖市的全国空白乡镇邮政局所补建工程结束，8440个补白网点全部实现运营。

7月10日 国家发展和改革委员会、财政部、国土资源部、银行业监督管理委员会、国家铁路局印发《关于进一步鼓励和扩大社会资本投资建设铁路的实施意见》，明确提出，列入中长期铁路网规划、国家批准的专项规划和区域规划的各类铁路项目，除法律法规明确禁止外，均向社会资本开放。

8月29日 十二届人大常务委员会第十六次会议批准中国加入《2006年海事劳工公约》。

9月3日 习近平与俄罗斯联邦总统普京在北京共同见证中俄两国政府签署《中国邮政集团公司与俄罗斯联邦邮政关于响应"一带一路"倡议加强合作推进跨境电商市场发展的协议》。

图为"中国灯塔"特种邮票

9月28日　中国中车集团公司成立。该公司由中国南车集团公司和中国北车集团公司重组合并而成。

10月9日　华阳灯塔和赤瓜灯塔竣工发光仪式在南海华阳礁举行，填补了中国南沙水域民用导助航设施的空白。此后，渚碧灯塔、永暑灯塔和美济灯塔陆续建成发光并投入使用，维护了中国南海主权和海洋权益。

10月23日　国务院印发《关于促进快递业发展的若干意见》。这是国务院第一部全面指导快递业发展的纲领性文件。

11月3日　"台（湾）平（潭）欧（洲）"首列海铁联运列车开行。

11月10日　习近平与蒙古国总统额勒贝格道尔吉在北京共同见证中蒙两国政府签署《中国民用航空局与蒙古国民航局关于民用航空器搜寻与救援运行协议》。

11月11日　交通运输部印发《农村公路养护管理办法》，自2016年1月1日起施行。该办法是交通运输部在公路养护管理领域的第一部规章。

11月26日　交通运输部宣布截至9月28日，除海南、西藏外，全国29个省份实现了高速公路电子不停车收费系统（ETC）联网。

11月29日　中国商用飞机有限责任公司向成都航空公司交付第一架国产ARJ21-700型飞机。2017年7月9日，中国民用航空局为ARJ21-700型飞机颁发生产许可证，这是中国喷气客机首张生产许可证。ARJ21新支线飞机是中国首次按照国际民航规章自行研制、具有自主知识产权的中短程新型涡扇支线飞机。

12月1日　国家发展和改革委员会、国家铁路局印发《铁路建设项目国家验收实施办法》，自2016年1月1日起施行。该办法对国家发展和改革委员会审批、组织验收或委托国家铁路局组织验收政府投资铁路项目的国家验收工作进行了规范。

12月2日　长江干线太仓—南通段12.5米深水航道正式交付使用。

同日　交通运输部印发《珠三角、长三角、环渤海（京津冀）水域船舶排放控制区实施方案》，在国内首次设立船舶排放控制区。

12月29日　国务院批准中国外运长航集团有限公司整体并入招商局集团有限公司。

12月30日　海南环岛高铁西段建成通车，与2010年12月开通的海南东环高铁构成中国首条环岛高速铁路。

图为沿海而行的海南环岛高铁东段（罗春晓 摄）

二〇一六年

1月4日—6日　习近平赴重庆考察。4日，习近平考察重庆果园港，听取长江上游航运中心建设、铁路公路水路联运等情况介绍，察看正在作业的集装箱船。5日，习近平在推动长江经济带发展座谈会上指出，当前和今后相当长一个时期，要把修复长江生态环境摆在压倒性位置，共抓大保护，不搞大开发。

1月6日　中国政府征用的两架民航客机完成从海口美兰国际机场至南沙永暑礁新建机场的往返试飞任务。7月13日，中国政府又征用两架民航客机完成从海口美兰国际机场至美济礁新建机场和渚碧礁新建机场的往返试飞任务。中国民航飞行校验中心对三个新建机场成功实施飞行校验，极大拓展了中国民航的通航版图。

1月7日　国务院关于冯正霖、李家祥职务任免的通知（国人字〔2016〕2号）：国务院2016年1月7日决定，任命冯正霖为中国民用航空局局长，免去李家祥的交通运输部副部长、中国民用航空局局长职务。

1月8日　京沪高速铁路项目荣获2015年度"国家科技进步奖"特等奖。

1月30日　交通运输部印发《交通运输标准化"十三五"发展规划》，这是交通运输部首次编制的标准化方面的专项规划，也是首次从综合交通运输角度制定标准化规划。

5月6日　湖南长沙磁悬浮快线启动载客试运营。线路全长18.55公里。该线是中国首条完全拥有自主知识产权的中低速磁悬浮商业运营示范线，也是世界上最长的中低速磁悬浮商业运营线，于2014年5月17日开工建设。

5月13日　国务院办公厅印发《关于促进通用航空业发展的指导意见》。该意见是"十三五"时期指导中国通用航空改革发展的纲领性文件。

同日　长江三峡升船机通过试通航前验收。7月22日，长江航务管理局组织完成第一阶段实船试航。9月18日，国务院三峡办宣布进入试通航阶段。2017年6月13日，三峡升船机完成第二阶段145米水位实船试航。

6月20日　习近平与波兰总统杜达在波兰华沙布拉格货运站共同出席中欧班列首达欧洲（波兰）仪式。

7月6日　李克强与巴布亚新几内亚总理奥尼尔共同见证中巴两国政府签署《中华人民共和国政府和巴布亚新几内亚独立国政府民用航空运输协定》。

7月13日　经国务院批准，国家发展和改革委员会、交通运输部、中国铁路总公司印发《中长期铁路网规划》。规划期限为2016—2025年，远期展望到2030年。规划明确，到2020年，全国铁路网规模达到15万公里，其中高速铁路3万公里；到2025年，铁路网规模达到17.5万公里左右，其中高速铁路3.8万公里左右；展望到2030年，基本实现内外互联互通、区际多路畅通、省会高铁连通、地市快速通达、县域基本覆盖。远期铁路网规模将达到20万公里左右，其中高速铁路4.5万公里左右。

7月26日　国务院办公厅印发《关于深化改革推进出租汽车行业健康发展的指导意见》。7月27日，交通运输部会同工业和信息化部、公安部、商务部、工商行政管理总局、质量监督检验检疫总局、国家互联网信息办公室印发《网络预约出租汽车经营服务管理暂行办法》。提出出租汽车改革方案，确立网约车合法地位。

7月30日　交通运输部印发《"十三五"交通扶贫规划》，将革命老区、民族地区、边境地区、贫困地区177个县（市、区）全部纳入规划。

9月3日　中华人民共和国主席令（第五十二号）：根据中华人民共和国第十二届全国人民代表大会常务委员会第二十二次会议于2016年9月3日的决定：免去杨传堂交通运输部部长职务；任命李小鹏为交通运输部部长。

9月19日　交通运输部印发《交通运输部关于深化救捞系统管理体制改革的意见》。12月28日，印发《交通运输部救助打捞局等单位主要职责机构设置和人员编制规定》。2017年4月1日，救捞系统完成机构改革调整并正式运行。各海区救助飞行队调整为由各海区救助局直接领导和管理。

9月22日　李克强与加拿大总理特鲁多在渥太华共同见证中加两国政府签署《中国民用航空局与加拿大交通部关于民用航空产品设计批准、生产批准、出口适航批准和证后设计批准活动双边航空技术安排》。

9月28日　中国邮政储蓄银行在香港联合交易所主板成功上市。

10月5日—6日　中国当选第二十六届万国邮联大会新一届行政理事会理事国和邮政经营理事会理事国。

10月9日　中共中央组织部宣布中央关于中国铁路总公司主要领导调整的决定，陆东福任中国铁路总公司党组书记、总经理，盛光祖不再担任中国铁路总公司党组书记、总经理职务（其中，总经理职务的任免由国务院按有关法律规定办理）。

11月11日　交通运输部印发《交通运输部关于完善综合交通运输法规体系的实施意见》。

11月17日　第十五次中国—东盟交通部长会议通过《中国—东盟交通合作战略规划》。这是"一带一路"倡议在交通运输领域与东盟国家交通战略规划对接的标志性成果文件。

11月22日　交通运输部海事局取消国内航行海船进出港签证，实施船舶进出港报告制度。2017年3月，又取消内河航行船舶进出港签证，船舶可通过互联网办理进出港报告。至此，新中国成立以来沿用数十年的"船舶进出港签证"退出历史舞台。

图为沪昆高铁江西段锦江特大桥（图片由中国国家铁路集团有限公司工程管理中心提供）

12月11日　国务院国人字〔2016〕230号：任命杨宇栋为交通运输部副部长、国家铁路局局长。

12月28日　沪（上海）昆（明）高速铁路贵阳—昆明段开通运营，标志着沪昆高铁全线贯通。沪昆高铁全长2252公里，其中，上海—杭州段于2010年10月26日开通，杭州—长沙段于2014年12月10日开通，长沙—贵阳段于2015年6月18日开通。

12月29日　杭（州）瑞（丽）高速公路毕节—都格段北盘江大桥建成通车，全长1341.4米，主跨720米，桥面离水面高达565米，为世界第一高桥。该桥于2013年9月24日开工建设。

图为北盘江大桥（龚小勇 摄）

二〇一七年

1月3日　国家铁路局向中车长春轨道客车股份有限公司、中车青岛四方机车车辆股份有限公司颁发"中国标准动车组型号合格证"和"中国标准动车组制造许可证"，标志着中国标准动车组具备了大规模生产许可条件和上线商业运营资格。中国标准动车组的研制成功标志着动车组九大关键技术和十项配套技术部件实现国产化。

1月5日　交通运输部、国家铁路局、中国铁路总公司印发《"十三五"港口集疏运系统建设方案》。明确车购税资金支持集疏运铁路、公路建设的重点和投资标准，重点突破铁路、公路进港"最后一公里"，加快推进港口集疏运系统建设。

1月22日　交通运输部印发《关于推进智慧交通发展行动计划（2017—2020年）的通知》。

1月29日　首列装载中国货物集装箱的火车由希腊比雷埃夫斯港抵达匈牙利首都布达佩斯，标志着中欧陆海联合运输新模式启动。

2月3日　国务院印发《"十三五"现代综合交通运输体系发展规划》，要求到2020年，基本建成安全、便捷、高效、绿色的现代综合交通运输体系，部分地区和领域率先基本实现交通运输现代化。

2月27日　国家铁路局印发《铁路标准化"十三五"发展规划》。这是中国铁路领域第一个标准化发展规划。

3月20日　李克强与以色列总理内塔尼亚胡在北京共同见证中以两国政府签署《关于修改〈中华人民共和国政府和以色列国政府民用航空运输协定〉的议定书》。

4月5日　交通运输部、国家标准化管理委员会印发《交通运输标准化体系》。

4月9日　烟台打捞局3000米级水下机器人海试任务圆满结束，最大下潜深度达2951米。这标志着中国救捞系统已具备3000米级深水救捞能力。

4月10日　习近平与缅甸总统廷觉在北京共同见证中缅两国政府签署《中缅原油管道运输协议》。该管道经云南进入国内，其中，缅甸境内段全长771公里，中国境内段全长1600余公里，设计输油量为每年2200万吨。

图为 C919 大型客机（丁汀摄）

4月11日　上海打捞局完成韩国"世越"号客轮的整体原态打捞任务。该打捞任务自2015年8月12日起，历经539天，成功打捞出水，赢得国内外同行赞誉。展现了中国救捞水平的综合实力。

4月15日　长江中游荆江河段航道整治工程通过竣工验收。工程实施后，最低航道维护水深由3.2米提高至3.5—3.8米，实现了3000吨级货船组成的万吨级船队昼夜通航。

4月19日　习近平在考察广西北海铁山港公用码头时强调，写好海上丝绸之路新篇章，港口建设和港口经济很重要，一定要把北部湾港口建设好、管理好、运营好，以一流的设施、一流的技术、一流的管理、一流的服务，为广西发展、为"一带一路"建设、为扩大开放合作多作贡献。

4月20日　中国、白俄罗斯、德国、哈萨克斯坦、蒙古、波兰、俄罗斯七国铁路部门签署《关于深化中欧班列合作协议》。这是中国铁路第一次与"一带一路"沿线主要国家铁路部门签署有关中欧班列开行方面的合作协议。

5月5日　中国自主研制的C919大型客机首飞成功。这是中国首款按照最新国际适航标准研制的、具有完全自主知识产权的干线民用飞机。该飞机于2008年开始研制。2010年12月24日，中国民用航空局向C919飞机颁发型号合格证受理申请通知书。2015年11月2日，C919大型客机在上海中国商用飞机有限责任公司总装下线。

5月11日　青岛港全自动化集装箱码头投入运营。该码头于2013年10月立项，年通过能力为520万标准箱。

5月12日　习近平与乌兹别克斯坦总统米尔济约耶夫共同见证中乌两国政府签署《中华人民共和国政府和乌兹别克斯坦共和国政府国际道路运输协定》。

5月13日　习近平与土耳其总统埃尔多安共同见证中土两国政府签署《中华人民共和国政府和土耳其共和国政府国际道路客货运输协定》。

5月14日—15日　第一届"一带一路"国际合作高峰论坛在北京举行。5月14日，习近平出席开幕式，并发表题为《携手推进"一带一路"建设》的主旨演讲，强调设施联通是合作发展的基础，要着力推动陆上、海上、天上、网上四位一体的联通，聚焦关键通道、关键城市、关键项目，联结陆上公路、铁路道路网络和海上港口网络。

5月16日　习近平与白俄罗斯总统卢卡申科共同见证中白两国政府签署《中华人民共和国政府和白俄罗斯共和国政府关于发展国际货物运输和落实建设丝绸之路经济带倡议合作协定》。

5月19日　国家发展和改革委员会、国家能源局印发《中长期油气管网规划》。

6月8日　习近平在哈萨克斯坦总统纳扎尔巴耶夫陪同下，参观阿斯塔纳专项世界博览会中国国家馆，并共同出席中哈亚欧跨境运输视频连线仪式。

6月13日　长江三峡升船机145米水位实船试航顺利完成。

6月25日　中国标准动车组被命名为"复兴号"，并于26日投入运行。中国高速动车组技术实现全面自主化。9月21日，"复兴号"动车组在京沪高铁上实现350公里时速运营，标志着中国成为世界高铁商业运营速度最高的国家。

图为中国标准动车组"复兴号"命名仪式在北京举行（邢广利 摄）

图为京新高速公路（马勇飞、李大伟 摄）

6月26日 财政部、交通运输部印发《地方政府收费公路专项债券管理暂行办法》，建立政府收费公路专项债券制度。

同日 交通运输部与天津市、河北省人民政府印发《加快推进津冀港口协同发展工作方案（2017—2020年）》。

7月15日 （北）京新（乌鲁木齐）高速公路临河至哈密段建成通车，北京至新疆更加快捷的高速公路大通道贯通。该路是世界上穿越沙漠、戈壁里程最长的高速公路，于2012年9月开工建设。

7月29日 全球最大、功能最先进的大比尺波浪水槽在交通运输部天津水运工程科学研究院建成并投入运行。

8月1日 经国务院同意，交通运输部、国家发展和改革委员会、工业和信息化部、公安部、住房和城乡建设部、中国人民银行、国家质量监督检验检疫总局、国家旅游局、中央宣传部、中央网络安全和信息化委员会办公室印发《关于鼓励和规范互联网租赁自行车发展的指导意见》。

8月23日 强台风"天鸽"在广东珠海一带沿海登陆，造成珠江口水域发生水上险情26起，232人遇险。经中国海上搜救中心全力组织、协调救助，成功救助遇险人员215人。

8月31日 交通运输部印发《关于交通运输部珠江航务管理局主要职责机构设置和人员编制的通知》。这标志着珠航局事业单位改革试点工作基本完成，由事业单位转为交通运输部派出行政机构。

9月4日　中央机构编制委员会办公室、交通运输部联合印发《关于地方交通运输业承担行政职能事业单位改革试点有关问题的意见》。

同日　交通运输部印发《交通运输综合应急预案》《公路交通突发事件应急预案》《水路交通突发事件应急预案》《道路运输突发事件应急预案》《城市公共汽电车突发事件应急预案》《公路水运工程生产安全事故应急预案》《交通运输部网络安全事件应急预案》。

9月8日　交通运输部、国家发展和改革委员会印发《"信用交通省"创建工作方案》。

9月12日　立沙油品储运项目输油管道一次投油成功，安全顺利地实现柴油航煤连续管输分输下载的分输工艺。这也是国内首例航煤顺序输送无中间库直接分输工艺。

9月26日　317国道雀儿山隧道工程建成通车，全长4378米。该隧道是世界上第一座海拔超过4300米的公路隧道，于2012年6月开工建设。

9月29日　兰（州）渝（重庆）铁路全线开通运营，全长886公里。该铁路是一条纵贯南北、连接西北与西南地区的客货并重的便捷、快速、大能力运输通道，于2008年9月26日开工建设。

10月18日　中国共产党第十九次全国代表大会召开，习近平在会上作题为《决胜全面建成小康社会，夺取新时代中国特色社会主义伟大胜利》的报告，确定了决胜全面建成小康社会、开启全面建设社会主义现代化国家新征程的目标，进一步指明了党和国家事业的前进方向。其中，在贯彻新发展理念，建设现代化经济体系中，提出建设交通强国。

10月26日　国家邮政局、国家发展和改革委员会、科技部、工业和信息化部、环境保护部、住房和城乡建设部、商务部、国家质量监督检验检疫总局、国家认证认可监督管理委员会、国家标准化管理委员会印发《关于协同推进快递业绿色包装工作的指导意见》，提出快递包装治理绿色化、减量化、可循环的工作目标。

10月27日　交通运输部与中央军委装备发展部印发《北斗卫星导航系统交通运输行业应用专项规划（公开版）》。

10月31日　中国—柬埔寨海上紧急救助热线和中国—东盟国家海上搜救信息平台开通。2018年12月14日，中国—老挝海上紧急救助热线正式开通。

11月8日　长江中游蕲春水道航道整治工程开工建设，标志着长江水道航道整治工程拉开序幕。长江水道航道整治工程实施将有效解决长江干线航道"两头深、中间浅"的突出问题，形成一条超大容量，串起长江中游湘、鄂、赣、皖四省的"水上高速公路"。

11月17日　习近平与巴拿马总统巴雷拉在北京共同见证中巴两国政府签署《中华人民共和国政府和巴拿马共和国政府民用航空运输协定》。

11月19日　中国铁路总公司所属18个铁路局改制为铁路局集团有限公司并正式挂牌。

11月20日　国家发展和改革委员会、交通运输部、国家铁路局、中国铁路总公司印发《铁路"十三五"发展规划》。规划提出到2020年全国铁路营业里程达到15万公里，其中高速铁路3万公里，复线率和电气化率分别达到60%和70%左右，基本形成布局合理、覆盖广泛、层次分明、安全高效的铁路网络。

12月6日　西（安）成（都）高速铁路开通运营，全长658公里，运营时速250公里。该高铁是中国第一条穿越秦岭的高速铁路，于2012年10月27日开工建设。

12月7日　张晓杰当选国际海事组织理事会主席。这是国际海事组织理事会历史上第一位中国籍主席。

12月24日　大型灭火／水上救援水陆两栖飞机AG600首飞成功。这是中国首架按照中国民航适航规章要求研制的大型特种用途飞机。

12月28日　石（家庄）济（南）高速铁路开通运营，全长302.5公里，标志着"四纵四横"高铁网提前建成运营。该高铁于2014年3月16日开工建设。

同日　全国首条民营控股铁路杭（州）绍（兴）台（州）高速铁路开工建设。杭绍台高铁是国家首批八个社会资本投资铁路示范项目之一，民营联合体占股51%。这是民营资本在中国铁路投融资领域首次实现控股，标志着铁路投融资体制改革迈入新阶段。

12月31日　习近平在新年贺词中回顾2017年党和国家事业取得的重大成就时，提及"洋山四期自动化码头正式开港，港珠澳大桥主体工程全线贯通，'复兴号'奔驰在祖国广袤的大地上"。

同日　全长400米的"中远川崎231"号安全抵达上海宝山码头，打破了长江航行船舶最大尺度的纪录。该船是中国自主设计建造的2万标准箱级集装箱船舶。

二〇一八年

1月1日　长江口深水航道大型邮轮与大型集装箱船超宽交会启动试运行。12月1日转为常态化运行。

1月6日　巴拿马籍油船"桑吉"轮与中国香港籍散货船"长峰水晶"号在长江口以东约160海里处发生碰撞。事故导致"桑吉"轮燃爆起火沉没。事故发生后，交通运输部快速响应，全力做好事故处置工作。

1月31日　李克强与英国首相特雷莎·梅在北京共同见证中英两国政府签署《中国民用航空局与大不列颠及北爱尔兰联合王国交通运输部关于航空安保的合作谅解备忘录》。

1月31日—2月1日　首届亚太地区民航部长级会议在北京召开。马凯出席会议并讲话。会议通过《北京宣言》。

2月28日　（北）京雄（安）城际铁路开工建设。

3月2日　国务院颁布《快递暂行条例》。该条例自2018年5月1日起施行。

图为"深潜号"吊运救助人员登上遇难船舶（陈华东 摄）

3月8日　国务院办公厅印发《关于保障城市轨道交通安全运行的意见》，提出了保障城市轨道交通安全运行的具体举措。

同日　国家重大海上溢油应急处置部际联席会议印发《国家重大海上溢油应急处置预案》。

3月14日　交通运输部、广东省人民政府、广西壮族自治区人民政府、贵州省人民政府印发《推进珠江水运绿色发展行动方案（2018—2020年）》。

3月17日　十三届全国人大一次会议第五次全体会议表决通过国务院机构改革方案，明确将农业部的渔船检验和监督管理职责划入交通运输部。

3月19日　中华人民共和国主席令（第二号）：根据中华人民共和国第十三届全国人民代表大会第一次会议的决定：任命李小鹏为交通运输部部长。

3月21日　中国海油海南液化天然气（LNG）接收站通过海关保税仓储验收，成为全国首例LNG保税仓库。

3月27日　中国民航华东地区管理局颁发国内首张无人机航空运营（试点）许可证。这标志着中国正式迈入无人机商业货运阶段。

4月8日　交通运输部印发《农村公路建设管理办法》，自6月1日起施行。

4月10日　习近平与巴基斯坦总理阿巴西在博鳌共同见证中巴两国政府签署《中华人民共和国国家邮政局与巴基斯坦伊斯兰共和国巴基斯坦邮政局关于响应丝绸之路经济带和21世纪海上丝绸之路倡议加强邮政和快递领域合作的谅解备忘录》。

4月24日—26日　习近平乘船考察长江航运和长江经济带发展建设情况。25日，习近平听取交通运输部关于长江航运、航道治理情况和水利部关于河势控制、护岸工程情况的汇报。26日，习近平在武汉主持召开深入推动长江经济带发展座谈会，明确指出推动长江经济带发展，关键是要正确把握整体推进和重点突破、生态环境保护和经济发展、总体谋划和久久为功、破除旧动能和培育新动能、自我发展和协同发展的关系。

5月21日　交通运输部印发《城市轨道交通运营管理规定》，自2018年7月1日起施行。

6月8日　习近平与俄罗斯总统普京在北京共同见证中俄两国政府签署《中华人民共和国政府与俄罗斯联邦政府国际道路运输协定》。

同日 习近平与俄罗斯总统普京共同乘坐京津城际高铁，自北京前往天津，出席中俄友好交流活动。在高铁上，习近平与普京共同见证了中俄铁路与货物运输等双边合作文件的签署。习近平向普京介绍了中国高铁的时速、规划等情况。同时又介绍，交通部门负责运输网络布局和发展。我们现在做立体的规划，过去是单独做，公路做公路的，铁路做铁路的，现在是把它全部综合起来考虑，哪里适合公路、哪里适合铁路，不要造成浪费，要做最合理的交通工具。包括空中路线，都有综合规划。

6月18日—21日 经国务院批准，2018 世界交通运输大会在北京召开。

7月23日 习近平与卢旺达总统卡加梅在卢旺达首都基加利共同见证中卢两国政府签署《中华人民共和国政府和卢旺达共和国政府民用航空运输协定》。

7月26日 习近平、巴西总统特梅尔、俄罗斯总统普京、印度总理莫迪、南非总统拉马福萨在南非约翰内斯堡共同见证中国与巴西、俄罗斯、印度、南非共同签署《巴西联邦共和国交通、港口和民航部，俄罗斯联邦运输部，印度共和国民航部，中华人民共和国民用航空局和南非共和国交通部（"金砖国家"）关于区城航空伙伴关系的谅解备忘录》，确定了金砖五国在航空领域的合作内容和方式，建立了合作交流机制。

7月27日 经中共中央批准，南海救助局作为中国第一支民事力量，派遣"南海救 115"轮进驻南沙岛礁执行应急救助值守任务。

7月31日 国务院国人字〔2018〕266 号：国务院 2018 年 7 月 31 日决定，任命刘爱力为中国邮政集团公司董事长；免去李国华的中国邮政集团公司总经理职务。

8月13日 交通运输部印发《关于深入推进长江经济带多式联运发展三年行动计划的通知》，以江海直达、江海联运、铁水联运等为重点，加快推进长江经济带多式联运发展。

8月20日 "中远海运天蝎座"轮命名交付。该船是 2 万标准箱级集装箱船，为当时世界上最大级别的集装箱船。

8月26日 新华社报道，中欧班列累计开行突破 1 万列。

8月27日 国务院国人字〔2018〕289 号：国务院 2018 年 8 月 27 日决定，任命张金良为中国邮政集团公司董事、总经理。

9月17日 国务院办公厅印发《关于印发推进运输结构调整三年行动计划（2018—2020 年）的通知》。

同日 交通运输部、国家发展和改革委员会、工业和信息化部、公安部、财政部、商务部、文化和旅游部、海关总署、税务总局、移民管理局印发《关于促进我国邮轮经济发展的若干意见》。

9月19日 中国成功发射两颗搭载搜救荷载的北斗中轨卫星，为中国成为国际搜救卫星组织空间设备提供国奠定了基础。

9月23日 广（州）深（圳）（香）港高铁香港段正式开通，标志着"香港进入了全国高铁网"。该段自2010年开工建设。

9月28日 汪洋在京主持全国政协第十一次双周协商座谈会，专题研究"推进国家海洋救助保障体系建设"。

9月30日 习近平在人民大会堂会见四川航空公司"中国民航英雄机组"全体成员。习近平指出，5月14日，你们在执行航班任务时，在万米高空突然发生驾驶舱风挡玻璃爆裂脱落、座舱释压的紧急状况，这是一种极端而罕见的险情。生死关头，你们临危不乱、果断应对、正确处置，确保了机上119名旅客生命安全。危难时方显英雄本色。你们化险为夷的英雄壮举感动了无数人。得知你们的英雄事迹，我很感动，为你们感到骄傲。授予你们"英雄机组""英雄机长"的光荣称号，是当之无愧的。习近平强调，安全是民航业的生命线，任何时候、任何环节都不能麻痹大意。民航主管部门和有关地方、企业要牢固树立以人民为中心的思想，正确处理安全与发展、安全与效益的关系，始终把安全作为头等大事来抓。要加大隐患排查和整治力度，完善风险防控体系，健全监管工作机制，加强队伍作风和能力建设，切实把安全责任落实到岗位、落实到人头，确保民航安全运行平稳可控。

同日 新建哈尔滨至佳木斯铁路开通运营，全长344公里，为中国高寒地区最长快速铁路，于2014年7月开工建设。

10月10日 习近平主持召开中央财经委员会第三次会议，作出全面启动川藏铁路规划建设的重大决策。

10月23日 港珠澳大桥开通仪式在广东省珠海市举行，习近平出席并宣布大桥正式开通。港珠澳大桥桥隧全长55公里，是世界上最长的跨海大桥，跨越伶仃洋，东接香港特别行政区，西接广东省珠海市和澳门特别行政区，是在"一国两制"下粤港澳首次合作建设的超大型跨海交通工程。该桥于2009年12月15日开工建设，2018年10月24日9时正式通车。

图为港珠澳大桥（图片由交通运输部公路局提供）

10月26日　李克强与日本首相安倍晋三共同见证中日两国政府签署《中华人民共和国政府和日本国政府海上搜寻救助合作协定》。

11月2日　习近平与多米尼加总统梅迪纳在北京共同见证中多两国政府签署《中华人民共和国政府和多米尼加共和国政府民用航空运输协定》。至此，中国已与126个国家和地区签署了政府间航空运输协定。

11月6日　国家邮政局宣布，全国快递末端网点备案数量突破10万个。

11月13日　交通运输部与上海、江苏、浙江、安徽四省市政府印发《关于协同推进长三角港航一体化发展六大行动方案》，协同推进长三角港航一体化发展，更好服务长三角一体化发展战略。

11月26日　中共中央办公厅、国务院办公厅印发《关于深化交通运输综合行政执法改革的指导意见》。12月13日，交通运输部召开全国交通运输综合行政执法改革工作推进视频会议，全面部署和推进交通运输综合行政执法改革工作。12月14日，交通运输部印发《贯彻落实〈关于深化交通运输综合行政执法改革的指导意见〉的通知》，对全系统贯彻落实《指导意见》提出具体要求。

同日　来自德国杜伊斯堡的邮包到达重庆国际邮件互换局铁路口岸中心，中欧班列（重庆）首次回程运邮测试成功。这标志着中欧班列首次实现国际邮包双向运输。

同日　由新疆霍尔果斯口岸启运的"中欧卡车特快专线"抵达波兰。这标志着中国至欧洲全程使用国际公路运输公约的卡车运输物流通道正式打通。

12月12日　习近平与厄瓜多尔总统莫雷诺在北京共同见证中厄两国政府签署《中国民用航空局和厄瓜多尔共和国民航总局合作与技术援助谅解备忘录》。

12月17日　全国政协召开网络议政远程协商会，聚焦快递业高质量绿色发展。

12月28日　新华社报道，北京首都国际机场年旅客吞吐量突破1亿人次，成为中国第一个、全球第二个年旅客吞吐量过亿人次的机场。

同日　国家邮政局宣布，快递业务量突破500亿件，全年达507.1亿件。

二〇一九年

1月5日　全国铁路实行新的列车运行图，17辆超长版、时速350公里的复兴号首次亮相京沪高铁。

1月15日　中华人民共和国国务院（国人字〔2019〕14号）：国务院2019年1月15日决定，任命陆东福为中国国家铁路集团有限公司董事长，杨宇栋为中国国家铁路集团有限公司董事、总经理。

1月25日　中共中央宣传部向全社会发布中国邮政集团邮车驾驶员其美多吉的先进事迹，授予他"时代楷模"称号。

1月29日　三沙海上救助中心在南沙群岛永暑礁揭牌，标志着中国最南端的救助机构正式成立。

2月11日　交通运输部、国务院国有资产监督管理委员会、中华全国总工会印发《关于开展向港珠澳大桥建设者学习的决定》。

2月28日　中国民用航空局为初教6型飞机颁发型号合格证和生产许可证，标志着初教6型飞机正式进入国内民用航空市场。

3月5日　第十三届全国人民代表大会第二次会议在北京开幕。李克强在《政府工作报告》中指出，两年内基本取消全国高速公路省界收费站，实现不停车快捷收费，减少拥堵、便利群众。深化收费公路制度改革，推动降低过路过桥费用，治理对客货运车辆不合理审批和乱收费、乱罚款。同时，取消或降低一批铁路、港口收费。5月16日，国务院印发《深化收费公路制度改革取消高速公路省界收费站实施方案》，要求按照"远近结合、统筹谋划，科学设计、有序推进，安全稳定、提效降费"的原则，明确技术路线，加快工程建设，力争2019年底前基本取消全国高速公路省界收费站，提升人民群众的获得感、幸福感、安全感。5月17日，经国务院同意，由交通运输部牵头，国家发展和改革委员会、工业和信息化部、公安部、司法部、财政部、人力资源和社会保障部、中国人民银行、国有资产监督管理委员会和中国银行保险监督管理委员会参加的深化收费公路制度改革取消高速公路省界收费站工作领导小组成立。7月29日，29个省、自治区、直辖市（海南、西藏无收费公路）均已开工建设改造电子不停车收费系统（ETC）门架系统。8月2日，全国ETC用户累计突破1亿。

3月15日　民航服务质量监督电话"12326"正式开通。其主要功能是督促航空公司和机场等妥善处理旅客投诉，保证旅客遇到问题时"找得到门、找得到人、找得到答案"。

3月19日　中央全面深化改革委员会第七次会议审议通过《石油天然气管网运营机制改革实施意见》，将组建石油天然气管网公司。

3月　中国铁路总公司发布消息，到第一季度末，中国高铁累计运输旅客超过100亿人次，累计完成旅客周转量3.34万亿人公里。

4月1日　铁路部门下浮铁路货物运价，取消和降低部分货运收费。

4月2日　广东虎门二桥建成通车。该项目全长12.89公里，包括两座超千米级特大跨度悬索桥。两座跨江特大桥同时建设属世界首次，其中坭洲水道桥1688米跨径为世界第二，居钢箱梁悬索桥世界第一。该桥于2013年12月25日开工建设。

4月21日　国务院办公厅转发交通运输部、国家发展和改革委员会、教育部、工业和信息化部、公安部、财政部、人力资源和社会保障部、生态环境部、住房和城乡建设部、应急管理部、税务总局、市场监督管理总局、中华全国总工会《关于加快道路货运行业转型升级促进高质量发展的意见》。

4月25日　习近平与白俄罗斯总统卢卡申科共同见证中白两国政府签署《中华人民共和国政府与白俄罗斯共和国政府国际道路运输协定》。

同日　习近平与蒙古国总统巴特图勒嘎共同见证中蒙两国政府签署《中华人民共和国交通运输部和蒙古国交通运输发展部关于实施〈中华人民共和国政府和蒙古国政府汽车运输协定〉的议定书》。

4月25日—27日　第二届"一带一路"国际合作高峰论坛在北京举行。4月26日，习近平出席开幕式，在发表题为《齐心开创共建"一带一路"美好未来》的主旨演讲时指出，共建"一带一路"，关键是互联互通，中国将同各方继续努力，构建以新亚欧大陆桥等经济走廊为引领，以中欧班列、陆海新通道等大通道和信息高速路为骨架，以铁路、港口、管网等为依托的互联互通网络。

4月29日　习近平与尼泊尔总统班达里共同见证中尼两国政府签署《中华人民共和国政府和尼泊尔政府关于实施〈中华人民共和国政府和尼泊尔政府过境运输协定〉的议定书》。

4月30日　习近平与老挝人民革命党中央总书记、国家主席本扬共同见证中老两国政府签署《中华人民共和国政府与老挝人民民主共和国政府国际道路运输协定》。

5月13日　交通运输部印发《交通运输标准化管理办法》，自7月1日起施行。

5月20日　中国与欧盟在布鲁塞尔共同签署《中华人民共和国政府和欧洲联盟民用航空安全协定》和《中华人民共和国政府和欧洲联盟关于航班若干方面的协定》。这是中国与欧盟首次在民航领域签署协定。

同日　中国民用航空局向北京飞机维修工程有限公司颁发首张"多证合一"维修许可证。

5月24日　国家发展和改革委员会、国家能源局、住房和城乡建设部、市场监督管理总局印发《关于印发〈油气管网设施公平开放监管办法〉的通知》，自发布之日起施行。2014年印发的《油气管网设施公平开放监管办法（试行）》同时废止。

5月27日　大湄公河次区域国际道路运输（中国—老挝—越南）启动仪式在昆明举行。这标志着中老越三国之间首次开通该区域国际道路运输线路。

5月　福建液化天然气（LNG）5号、6号储罐建成投产。福建LNG接收站储存能力达到96万立方米，为国内储存能力最大的LNG接收站项目。

6月5日　习近平与俄罗斯总统普京在莫斯科共同见证中俄两国政府签署修订的《根据中华人民共和国政府和俄罗斯联邦政府促进航空安全协议下的设计批准、生产活动、出口适航批准、设计批准证后活动和技术援助的实施程序》。

6月11日　"中国2019世界集邮展览"在湖北武汉开幕。

6月26日　国务院办公厅印发《交通运输领域中央与地方财政事权和支出责任划分改革方案》，自2020年1月1日起实施。

7月1日　北京大兴国际机场高速公路和大兴机场北线高速公路中段建成通车。这标志着北京服务大兴国际机场的"五纵两横"外围骨架网中的四条高速公路全部建设完成。这两段公路里程长度分别为27公里、14.66公里。

7月3日—4日　中国、蒙古、俄罗斯三方代表团与联合国亚洲及太平洋经济社会委员会（亚太经社会）代表在内蒙古自治区满洲里市举行《关于沿亚洲公路网国际道路运输政府间协定》联委会第一次会议，推动"一带一路"倡议与蒙古"发展之路"计划、俄罗斯"欧亚经济联盟"计划对接。

7月19日　交通运输部、国家发展和改革委员会、财政部、自然资源部、农业农村部、国务院扶贫开发领导小组办公室、国家邮政局、中华全国供销合作总社印发《关于推动"四好农村路"高质量发展的指导意见》，要求加快补齐农村交通供给短板，因地制宜推动农村公路加宽改造；2019年底前实现具备条件的乡镇和建制村通硬化路，2020年底前实现具备条件的建制村通客车。

7月25日 交通运输部印发《数字交通发展规划纲要》。

8月28日 交通运输部印发《关于推进现代化专业救捞体制建设的意见》。

9月6日 国务院办公厅印发《关于深化农村公路管理养护体制改革的意见》。该意见是贯彻落实习近平等中央领导同志关于"四好农村路"建设指示批示精神的重要举措，是新时代指导农村公路发展的纲领性文件。

同日 交通运输部、国家税务总局印发《网络平台道路货物运输经营管理暂行办法》，自 2020 年 1 月 1 日起施行，有效期 2 年。这是中国首个网络货运新业态管理暂行办法。

9月11日 习近平与哈萨克斯坦总统托卡耶夫在北京共同见证中哈两国政府签署《中华人民共和国政府和哈萨克斯坦共和国政府关于民用航空器搜寻与救援协议》。

9月14日 中共中央、国务院印发《交通强国建设纲要》，明确交通强国建设的总目标，确定九大重点任务，提出三项保障措施。该纲要作为建设交通强国的顶层设计和系统谋划，掀开了新时代交通运输工作的新篇章。

9月24日—28日 国际民航组织第 40 届大会召开。中国第六次连任一类理事国。

9月25日 习近平出席北京大兴国际机场投运仪式并讲话。习近平强调，大兴国际机场能够在不到 5 年的时间里就完成预定的建设任务，顺利投入运营，充分展现了中国工程建筑的雄厚实力，充分体现了中国精神和中国力量。2017 年 2 月 23 日，习近平在视察北京新机场建设时强调，新机场是首都的重大标志性工程，是国家发展一个新动力源，必须全力打造精品工程、样板工程、平安工程、廉洁工程。北京大兴国际机场于 2014 年 11 月获批，主体工程于 2016 年 12 月 26 日动工。2019 年 8 月 28 日—30 日，完成验收总验和使用许可审查终审。9 月 25 日，投入运营。

同日 23 时 21 分，随着中国联合航空公司最后一架航班起飞，南苑机场正式结束民航运营。南苑机场始建于 1910 年，是中国历史上第一座机场。

图为北京大兴国际机场（图片由中国民用航空局档案馆提供）

后 记

　　值中国共产党成立 100 周年之际，交通运输部组织开展了《交通运输大事记（1949—2019）》的出版工作，旨在以时间为主线，全面回顾新中国成立 70 年来的交通运输领域重大事件，为行业和社会提供新中国交通运输发展的史料和线索。

　　本书由交通运输部，国家能源局，国家铁路局、中国民用航空局、国家邮政局，中国国家铁路集团有限公司联合编纂。编审委员会委员的指示和关心，对于本书的最终出版起到了至关重要的作用。编纂工作委员会委员、顾问及专家的重视和支持，保证了本书内容的全面性和科学性。编写组进行了大量的资料查询与检阅工作，保证了本书基础工作的质量和顺利出版。通过近一年的辛苦付出，本书于 2019 年 9 月中旬完成送审稿的编纂工作；11 月经交通运输部领导审阅定稿。

　　本书编写工作由交通运输部办公厅统筹，交通运输部档案馆和中国公路学会负责具体工作，人民出版社出版。在编纂过程中，国家能源局、国家铁路局、中国民用航空局、国家邮政局综合司（办公室），中国国家铁路集团有限公司办公厅，大连海事大学、中国铁道学会、中国航海学会、中国快递协会、中国航空运输协会、中国汽车工业协会、中国铁道博物馆、上海中国航海博物馆、中国民航博物馆、中国邮政邮票博物馆等单位和部门，在资料整理校核、制作出版等方面提供了诸多帮助和支持。

　　交通运输部办公厅任谊、蒋丽萍、罗丙辉、李丽，政策研究室臧青，法制司高建刚，综合规划司高轶、夏永强，财务审计司程侃，人事教育司严红、胡红哲，公路局郭胜，水运局高鹏飞，运输服务司李华强、曾嘉、耿晋军，安全与质量监督管理司罗海峰，科技司甘家祥，国际合作司边向国，直属机关党委邹治宇，离退休干部局张冬梅，中国海上搜救中心殷杰，海事局宋永强；救助打捞局赵晓亮；国家能源局石油天然气司余志光；国家铁路局机关服务中心尹倩；中国民用航空局档案馆苏莉；国家邮政局办公室吴晓明；中国国家铁路集团有限公司档案史志中心张维等同志从不同方面为该书的出版做了大量工作。

　　谨向以上单位、部门以及各位同志表示感谢！

　　在编纂过程中，编写组查阅了大量的档案、文献资料，虽经认真甄别筛选，但由于本书时间跨度大、内容浩繁、资料残缺，加之编者水平有限、时间仓促，成书难免有疏漏错误和不当之处，敬请各界批评、指正。

本书编写组

2021 年 6 月

责任编辑:杨瑞勇

封面设计:李仪灵

责任校对:吕　飞

图书在版编目(CIP)数据

交通运输大事记:1949—2019/交通运输部等 编. —北京:人民出版社,2021.6

ISBN 978－7－01－023513－4

Ⅰ.①交…　Ⅱ.①交…　Ⅲ.①交通运输史-大事记-中国-1949-2019　Ⅳ.①F512.9

中国版本图书馆 CIP 数据核字(2021)第 113247 号

交通运输大事记(1949—2019)

JIAOTONG YUNSHU DASHIJI 1949-2019

交通运输部　国家能源局　国家铁路局　中国民用航空局　国家邮政局　中国国家铁路集团有限公司　编

人民出版社 出版发行

(100706　北京市东城区隆福寺街 99 号)

北京中科印刷有限公司印刷　新华书店经销

2021 年 6 月第 1 版　2021 年 6 月北京第 1 次印刷

开本:889 毫米×1194 毫米 1/16　印张:11

字数:248 千字

ISBN 978－7－01－023513－4　定价:68.00 元

邮购地址 100706　北京市东城区隆福寺街 99 号

人民东方图书销售中心　电话 (010)65250042　65289539